吴海弘(Mary)女士

资深零售营销专家
上海万趣实业发展有限公司副总经理
东华大学硕士研究生校外导师

曾任职
上海杰来服饰有限公司董事总经理
上海沙驰服饰有限公司副总经理
上海鑫驰服饰有限公司副总经理

吴海弘（Mary）女士，拥有多年的零售
服装品牌管理及运营经验，加之一颗坚持
时尚理念的心，从业以来一直致力研究中
国服装品牌营销定位及策略、中国零售终
端标准体系化的建立。

Fashion Brands Marketing
STRATEGY
服装品牌营销攻略

吴海弘 编著

东华大学出版社·上海

图书在版编目 (CIP) 数据

服装品牌营销攻略 / 吴海弘著 . —上海：东华大学出版社，
2016.6

ISBN 978-7-5669-1055-4

I. ①服… II. ①吴… III. ①服装—品牌营销 IV. ① F768.3

中国版本图书馆 CIP 数据核字（2016）第 108472 号

责任编辑：孙晓楠　谭　英
封面设计：陈良燕　陈　希

服装品牌营销攻略
Fuzhuang Pinpai Yingxiao Gonglüe

吴海弘　编著

出　　　　版：东华大学出版社（上海市延安西路 1882 号，200051）

本 社 网 址：http://www.dhupress.net

天猫旗舰店：http://dhdx.tmall.com

营 销 中 心：021-62193056　62373056　62379558

印　　　　刷：苏州望电印刷有限公司

开　　　本：787mm×1092mm　1/16

印　　　张：14.75

字　　　数：369 千字

版　　　次：2016 年 6 月第 1 版

印　　　次：2016 年 6 月第 1 次印刷

书　　　号：ISBN 978-7-5669-1055-4 / F · 074

定　　　价：43.00 元

序

1997 年，我踏入了服装行业，距今已有近 20 个年头。从一家服装企业的小人物到营销总监，从企业老总到品牌的投资人，一路走来，虽然艰辛但却收获满满。

元旦、春节、劳动节、国庆节、圣诞节等节假日，营销者几乎都工作在市场的第一线。

销售慢了，库存大了，会梦中惊醒；销售火了，产品没了，会心烦意乱。市场的景气指数决定了经营者的心情，也磨练了经营者的意志。

随着国家经济的高速增长，市场消费环境也发生了巨大变化。从最初的品牌专柜，发展到品牌专卖店、旗舰店、集成店，现在则有了品牌网店……业态的转型不仅提高了服装营销的门坎，而且加大了品牌管理的难度。

我们要有仰望星空的远大理想，更要树立脚踏实地的坚韧毅志。一名优秀销售营销人员的素质则赋予了新的内涵（3H+1F）——军事家的头脑（Head）、设计师的双手（Hand）、现代人的心灵（Heart）和送货员的双脚（Feet）。

面对纷繁复杂、竞争激烈的市场环境，面对服装市场供需结构的急速转型，服装的营销理念发生了根本改变——从早期销售买卖的"顾客之上"，到现在经营活动的"合作共赢"。在一线终端管理上，我们则应该坚持这样的工作态度：①库存等于废品；②导购创造财富；③卖场代表品牌。

经过多年的准备，《服装品牌营销攻略》终于面世了。应该说，这是我从事服装营销实践活动的总结。作为一种经验的分享，我尝试按现代服装品牌营销的实际流程进行编排，共分七大篇：①管理运行篇；②产品研发篇；③价格策略篇；④渠道拓展篇；⑤形象展示篇；⑥促销组织篇；⑦人力资源篇。值得指出的是，每一篇都具有同等重要的地位。每一个环节都是互为因果，彼此影响。希望刚涉足服装品牌营销行业的读者一定要明白并引起重视。

与一般服装营销教科书不同的是，《服装品牌营销攻略》一书中的许多步骤、方法、策略、法则、经验和结论都是在实战中反复摸索后得出。目的是希望大家能少走弯路，并在当代服装商战中快速成长。

作为作者，写书的过程就是自己学习提升的过程，系统梳理了自己的经验与感悟，以方便读者的形式呈现出来。为此，除主干内容的七大篇之外，本书的开头均用《道德经》《孙子兵法》的经典名言作为阅读的引子，并按现代营销的语言作了通俗的解析，目的是希望通过圣人的智慧来帮助读者对营销的全新理解。每一个篇章均安排了多幅模拟实战的插图和案例，希望能给读者有一种实操的感觉。为了方便服装品牌企业营销实际运作，在附录部分则收录了几乎所有可能要用到的各种工作报表。

书是终于写完了。能否符合读者的要求和自己的初衷，这一切还有待于市场的接受和同行的认可。

感谢所有提供帮助的朋友们，他们是：东华大学出版社的蒋智威社长，他给予我启发与支持；东华大学出版社的谭英与孙晓楠，她们是本书的编辑，她们给第一次写书的我具体的指导与帮助；感谢东华大学服装与艺术设计学院的万艳敏教授，她的执着与坚持陪伴我走过本书写作与出版的全过程。万艳敏教授所主持的服装品牌研究工作室的黄珊、程一苇、张卓琳则帮助做了大量细致的文案工作。还要感谢曾帮助这本书完成重要取材的曾经同事们，是你们共同帮助完善丰富了本书的内容。

是为序。

MARY

2016 年 4 月 26 日

目录

P.64 第三篇——价格攻略篇

P.105 第五篇——展示攻略篇

P.122 第六篇——促销攻略篇

P.145 第七篇——人力资源攻略篇

P.173 附录

第一篇

管理攻略篇

　　想要真正掌握"服装市场营销"这门技艺，就要通晓它的七大攻略。第一攻略是"管理攻略篇"。学好本攻略，最直接的好处就是能成就你成为企业管理者的梦想。心急了吧，那让我们马上进入课堂，开始"管理攻略篇"的专业学习。

MARY 对管理的解读

　　管理的实质就是人的管理，就是过程（Process）的管理。为了实现企业战略目标，我们要放下"自我"去经营，我们要倡导"包容"去处事，我们要习惯"平淡"去耕耘。大事业源于小进步，要明白积少成多的道理。用良好的管理体制来化解人事的矛盾和利益的冲突。处理问题时，要从容易处开始；实现理想时，要从细微处入手。管理的困境一定要从管理的盲点切入；管理的决策一定要从微细的规划展开。秉持"不贪大、不冒进"的理念，是企业家最终做大做强的基石。要清醒地意识到：轻率作出的承诺，必定无法兑现；轻易实现的目标，势必伴随危机。因此，高度正视面临的经营难点，企业家就能有效排除经营中的问题。

为无为，事无事，味无味。大小多少。报怨以德。图难于其易，为大于其细；天下难事，必作于易；天下大事，必作于细。是以圣人终不为大，故能成其大。夫轻诺必寡信，多易必多难。是以圣人犹难之，故终无难矣。

——摘自《道德经》第六十三章

[译文]：以无为的态度去有所作为，以不滋事的方法去处理事物，以恬淡无味当作有味。大生于小，多起于少。处理问题要从容易的地方入手，实现远大要从细微的地方入手。天下的难事，一定从简易的地方做起；天下的大事，一定从微细的部分开端。因此，有"道"的圣人始终不贪图大贡献，所以才能做成大事。那些轻易发出诺言的，必定很少能够兑现的，把事情看得太容易，势必遭受很多困难。因此，有道的圣人总是看重困难，所以就终于没有困难了。

管理

管理是一种实践，其本质不在于'知'而在于'行'；其验证不在于逻辑，而在于成果；其唯一权威就是成就[1]。

营销管理

从管理的角度看，市场营销就是一种组织职能，包括一套创造、沟通和交付顾客价值的过程以及有利于组织和利益相关者的方式对顾客关系进行管理的过程。营销管理既是一门艺术，又是一门科学，是有关选择目标市场并通过创造、交付和沟通优质顾客价值来建立、维持和强化顾客关系的艺术和科学。营销管理的任务包括：制定营销战略和营销计划、获取营销视野、连接顾客、建立强势品牌、设计市场供应物、交付价值、沟通价值以及实现长期增长[2]。

战略管理思维

企业经营不是一个短期的行为，面对动态的竞争环境，"战略"的内涵表现为远景的经营思考和经营决策[3]。

企业成功的经验策略，并非全部来自于精确的数字和理性的分析，理性的分析在企业家眼里，都是用来刺激创造性思考的过程，战略的意义在于其创造性。当今世界上没有能够确保企业战略成功的现成公式，只要敢于实践，敢于发挥创造力，每个企业都有可能找到使自己成功的战略[4]。

品牌战略

所谓品牌战略就是公司将品牌作为核心竞争力，以获取差别利润与价值的企业经营战略。战略的本质是塑造出企业的核心专长，从而确保企业的长远发展[5]。

管理机制

管理机制，是指管理系统的结构及其运行机理。管理机制本质上是管理系统的内在联系、功能及运行原理，是决定管理功效的核心问题[6]。

兵者，诡道也。故能而示之不能，用而示之不用，近而示之远，远而示之近。利而诱之，乱而取之，实而备之，强而避之，怒而挠之，卑而骄之，佚而劳之，亲而离之，攻其无备，出其不意。此兵家之胜，不可先传也。

摘自《孙子兵法》始计第一

1.1 品牌战略管理

战略管理，"战略"中的"战"即为战争，"略"即为谋略。所谓战略是指军事家、将领指挥军队作战时的谋略。品牌也需要制定战略规划，例如品牌未来三年规划、五年规划等。

战略管理通常分为三个环节：制定、准备和实施。战略制定极为重要，必须思考战略是否可实施与运行，战略制定是战略实施的总纲领，制定有失偏颇会直接影响战略准备和实施这两个环节的运行，导致与目的背道而驰。

分析诸多品牌战略管理失败的原因，很多情况下是因为制定的战略如海市蜃楼，虽然完美但却虚幻，只停留在文本和思想的层面，即战略制定的方向发生偏差；或者制定的战略看似完美无缺，立足高远，却始终无法实施以达成预期目标；或者从战略的制定到实施，其过程中的某些环节存在偏差而导致战略失败，无法达成预期目标。

1.1.1 营销战略规划

品牌营销战略规划可分为中长期营销战略规划和年度营销战略规划。

品牌营销战略规划的实质是人员、资金与事件的规划。大多数公司都会制定三年或五年规划，公司高层会根据品牌发展现状以及市场未来的发展趋势制定公司近几年的预期目标。品牌整套营销战略规划必须统筹兼顾，保证能够按部就班地将每个目标逐步实现。例如制定三年规划时，先设定每年的业绩目标、规划店铺数量；若规划公司五年内上市，前期应做好上市准备工作，将上市工作分配到每年，逐步实现预期目标。

一些公司会专门成立战略部为公司做营销战略规划，如更新加盟商政策、拓展新渠道、规划公司上市等。如果公司不制定营销战略规划，会造成很多负面影响,例如公司各部门不制定年度经费预算会造成支出无节制,形成极大的资源浪费。

随着服装公司规模的扩大,店铺数量增加,部门划分就更为精细,人员编制也更为复杂。例如当公司店铺数量从 30 家增加到 100 家时,公司组织架构可能会发生变化,如增加特销部门,专门负责清理库存;而陈列部、培训部、营销部规模也需扩大。公司规模越大,战略规划越精细。

战略制定时用数据说话,公司团队通过分析海量数据,制定执行方案,也就是把"数据"转化为"方案"。例如公司根据库存情况制定每年特卖会场数;根据新增店铺数量确定货品投产总量,如果投产时不考虑此因素,则没有足够的货品支撑店铺销售,会造成业绩不理想。方案制定后需由团队每位成员签字确认,这样才能防止大型事件的遗漏。

> **案例 1-1 S 品牌每年需规划的营销大事件**
>
> 3 月—完成秋冬订货会下单并申请大货生产定金,审核公司上半年财务;
>
> 4 月—召开春夏季产品分析会、春夏季的企划会;
>
> 5 月—确立大货验货标准并实施;
>
> 6 月—举行春夏员购会;
>
> 11 月—筹划天猫"双 11""双 12"活动,此外公司每月都会召开例会,通常关于确定公司经营目标等事件。

1.1.2 营销管理机制

营销战略规划的实施需要管理机制的保障。在品牌公司中,各种各样的年会(包括品牌工作会议、看样订货会议、员工代表大会)以及每周的例会,都是营销管理中最基础最重要的环节。

> **案例 1-2 S 品牌每年两次大型会议**
>
> S 品牌每年召开两次大型会议:一次是 12 月的年度总结会议,一次是 6 月的工作计划会议。与会人员为公司高层,会议组织者为总经理与其助理。
>
> 12 月的会议主要内容是总结公司全年的业务,回顾公司全年大事件,议程一般分为三个阶段:
>
> (1)各总监汇报部门相关情况以及工作时遇到的难题。如营销总监报告销售业绩情况,包括销售业绩是否达标,定价区间是否合理及未来销售目标;生产部汇报全年货品生产质量合格率、交货期及面辅料等相关情况;设计部汇报样衣与实际大货生产比例、下季货品开发计划。
>
> (2)梳理解决部分。针对会议助理整理的各部门难题进行讨论,以讨论会形式展开。

（3）总结部分。总结难题的解决情况，包括已经解决的和待解决的难题，对于待解决的难题设置时间期限，在期限内提出解决方案并另行公示。

有时也有第三方参与会议的情况，例如委托的咨询公司，让咨询公司参与会议的目的是通过他们的技术手段协助公司流程管理。

6月的会议主要是计划来年活动安排，如1月举行促销活动；2月召开发布会、订货会；3月拍摄宣传片等。

一般这两次会议以封闭形式持续3至5天。会议的内容以表格的形式呈现，详细列举了来年各部门的预算费用；公司给予加盟商、代理商的政策；公司组织架构的变化详情；公司薪资结构的调整形式等。

公司把全年的规划分配到各部门，各部门规划并组织实施自己的本职工作。部门不同，对应的工作内容也不同。

孙子曰：兵者，国之大事，死生之地，存亡之道，不可不察也。

故经之以五事，校之以七计，而索其情：一曰道，二曰天，三曰地，四曰将，五曰法。道者，令民于上同意，可与之死，可与之生，而不危也；天者，阴阳、寒暑、时制也；地者，远近、险易、广狭、死生也；将者，智、信、仁、勇、严也；法者，曲制、官道、主用也。凡此五者，将莫不闻，知之者胜，不知之者不胜。故校之以计，而索其情，曰：主孰有道？将孰有能？天地孰得？法令孰行？兵众孰强？士卒孰练？赏罚孰明？吾以此知胜负矣。

摘自《孙子兵法》始计第一

1.2 企业制度建设

企业制度包括了企业经济运行和发展中的一些重要规定、规程和行动准则，是特定市场环境下的企业经济关系。企业制度的建立，以企业的根本性需求为基础，与企业最本质的战略目标相联系，服务于企业的质量管理、生产管理、供应管理、销售管理、研发管理、人事管理等各个方面。

管理致力于调动人的积极性、创造性，其核心是激励、约束机制。管理是否科学则要从管理的经济效率上，即管理成本和管理收益的比较上做出评判。

1.2.1 人力资源

马云："请确信，公司第一的产品，一定是你的员工。公司的成长和发展靠人才。招聘有潜力的员工，训练他们改变自己、提升自己、超越自己是公司的责任，也是最值得和最正确的投资。"一个好的公司要知道观察并了解自己的员工，充分挖掘员工特长，例如服装公司的市场部和培训部，需要口才好、有幽默感和感染力的员工。一个员工在自己合适的位置才能施展自身才华，进而实现晋升，也为公司创造财富。

终端店铺管理成阶梯模式：导购、店长、督导、业务主管、业务经理、销售总监、总经理，各层级环环相扣，由上一级对下级进行业务考核。此外，横向也有培训部和陈列部等其他部门的支撑，但横向支撑部门对业务部的考核只与业务管理层挂钩。

案例1-3 Z品牌店铺晋升考核

店铺人员构成有导购、资深导购、副店长和店长。刚进入的员工需要三至六个月的试用期才能转正。职位晋升标准包括年限标准和其他考评标准，考评频率为一年两次。由于各人的素质以及成长速度不同，年限标准不作为硬性指标。其他考评包括个人业绩表现、执行能力、货品熟练度、销售技巧、服务态度、盘点能力、规章制度遵守、是否有处分、出勤率等。员工若满足晋升条件，且有职位空缺，则进行晋升。店长一职主要考察员工管理能力，包括人员管理、店铺形象管理、仓库管理等。

考评流程依此为：（1）店长、区域业务主管推荐或自荐；（2）考核其个人表现和销售能力；（3）经理评定；（4）总监审批；（5）店铺告知晋升结果。

职位晋升的途径并非一成不变，会根据具体情况调整。店长需要全方位的管理能力，店长的晋升有多个方向，包括督导、培训师、货品人员、主管、销售经理等。督导一职要求其具备现场管控能力和销售技巧，销售能力强的导购也有可能直接晋升为督导。培训师除熟知产品知识外，还需具备良好的交流能力和感染力。督导和主管之后的职位晋升，主要看其"复制能力"，即是否具备教会或带动其他管理者的能力。

1.2.2 工资分配体系

许多企业对员工的福利待遇并非特别的重视。公司希望员工提供什么样的服务质量，就应该给予相应的福利待遇，让他们从根本上提高服务意识。管理者也需要多与员工沟通，了解他们对福利待遇的期望。

很多公司相同职位的工资基本相同。但每个员工的能力不同，同一职位的薪资也应有所变化。由此，公司应该设定浮动工资，设定多个维度（如学历、谈吐、应变能力等）全方位地考察员工的能力。例如，前台职位可划分初级、中级、高级三个级别。初级基本工资2000元、中级3000元、高级4000元。这三个级别主要根据形象、谈吐、应变能力、素养、学历、英语水平、加分项来划分。每一项都有不同的占比，形象、谈吐和应变能力占比较高的比例，学历、英语水平占比较低的比例。通过所有指标的综合评分来判定员工的薪资。

案例1-4 九段秘书

某公司总经理要求秘书安排次日上午九点召开会议。一段秘书到九段秘书给出了不同的答案。

一段秘书：发通知——用电子邮件或在黑板上发会议通知，然后准备相关会议用品，并参加会议；

二段秘书：抓落实——发通知后，再打电话确认，确保每个人都被通知到；

三段秘书：重检查——发通知，落实到个人后，第二天在会前30分钟提醒与会者参会，确定有没有变动，对临时有急事不能参加会议的人，立即汇报给总经理，保证总经理在会前知悉缺席情况，也给总经理思考缺席的人是否必须参加会议留出时间；

四段秘书：勤准备——发通知，落实到人，会前通知后，去测试可能用到的投影、电脑等工具是否正常工作，并在会议室门上贴上"此会议室明天几点到几点有会议"的小条；

五段秘书：细准备——发通知，落实到人，会前通知，设备测试，还应先了解这个会议的性质和总裁的议题是什么？然后给与会者发送以往与这个议题相关的资料，供他们参考（领导通常都很健忘，避免他们因过去决定的事争吵）；

六段秘书：做记录——发通知，落实到人，会前通知，设备测试，提供相关会议资料，同时在会议过程中详细做好会议记录（在得到允许的情况下，做一个录音备份）；

七段秘书：发记录——会后整理好会议记录（录音）给总经理，然后询问总经理是否发给参加会议的人员或其他人员；

八段秘书：定责任——将会议上确定的各项任务，一对一地落实到相关责任人，然后经当事人确认后，形成书面备忘录，交给总经理与当事人一人一份，并定期跟踪各项任务的完成情况，及时汇报给总经理；

九段秘书：做流程——把上述过程做成标准化的会议流程，让任何一个秘书都可以根据这个流程，把会议服务的结果做到九段，形成不依赖于任何人的会议服务体系。

九种秘书，九种做法，薪资自然也就不同。公司在薪资体系里有职位和等级的划分，一段秘书工资为2000元，二段秘书工资为2500元，九段秘书的工资可能比主管的工资还要高，因为他的能力已经达到了最高水平。

通常员工会出现攀比工资的情况，如果人力资源部门不能解决这样的纷争，公司就会出现很大的麻烦。因此人力资源部需做出合理的考评机制和晋升通道，并清楚地告知每一位员工。比如产品经理（PM）一职，主要考评货品调拨的内容，若考评合格，工资就会有所增加，否则不予涨薪。

1.2.3 工作绩效评估体系

做好绩效考核是公司成功的第一步，现代企业也越来越重视员工的绩效考核问题。比如路卡迪龙，这个品牌近几年在商务男装中崭露头脚。其店铺绩效考核做得非常好，在A、B、C类店铺中，A类店铺底薪较低，但奖金提成很高，相反，为了保障C类店铺员工的收入，采取高底薪低奖金的方式。但最终要保证各类店铺员工的工资都是在正常范围内浮动。

某品牌公司在年终总结会上对全年业绩最好的店长颁发价值1万元的"生育补贴奖"。这个奖项的设立基于两点的考虑：一是奖项的设立要有新意；二是女性在工作期间还要担负起抚养下一代的责任。此外，公司还有其他有意思的奖项——10万元买车补贴奖。对达到业绩指标的团队奖励该奖项，以此增进团队的凝聚力，提高员工的积极性。

部门不同，考核体系也有所差别。商品部和陈列部是协助店铺运营的部门，店铺形象的好坏和货品调拨的及时与否都会影响到店铺的业绩。培训部的考核指标主要有培训场次、课程类型、员工对培训的满意度，以及导购对培训内容执行情况，培训内容执行情况判断的主要依据是店铺业绩。商品部的考核指标，主要有数据分析能力、店铺货品分配合理度、商品配发合理性和及时程度，考核依据为其管辖区域的销售情况。

业务部的绩效考核主要依据他们的销售业绩。对管理加盟业务的人员来说，除了业绩达成率的考评之外，还有加盟商汇款率和公司政策是否准确传达到加盟商等指标。在对加盟商的考核方面，品牌公司在考核加盟店铺前不应通知加盟商，"微服私访"才能看出店铺的真正运营情况。

终端店铺是企业利润的主要增长点，如何通过合理的绩效考核提升店铺业绩至关重要。店铺中的绩效考核分为对店长和导购的考核。在店长的考核指标中，除考核其业绩达标率外，还要考核其管理能力，包括人员管理、货品管理、卖场陈列管理和数据账目管理。其中，人员的管理能力是考核店长的重要指标。

假设一个由4名导购构成的店铺某月的销售指标为20万元。平摊到每个导购的指标为5万元。若3名导购的指标达成率都达到了80%以上，但有一名导购的指标完成率只有20%，那说明店长的管理能力有问题。具体落实到绩效考核中，一名导购的指标完成率达到80%，店长得1分；若达到90%，店长得2分；若达到100%，店长得3分。导购的业绩达成率与店长的绩效考核直接挂钩。此外店铺人员的稳定性也是店长的考核指标之一，若一段时间内店铺出现连续离职情况，店长的绩效考核也会扣除一定的分数。

导购的绩效考核除了业绩指标还增添了"连带销售奖"，其中商场买赠活动和福袋活动除外。若顾客单笔购买2件商品，奖励20元，3件30元，4件50元。以此类推，每增加一件，奖励20元。这样既刺激导购提升自身的连带销售意识和能力，也帮助他们提高销售效率，有技巧地快速完成业绩指标。此外，对于商场楼层排名和滞销品卖出情况，公司也应考虑给导购相应的绩效奖励。

在终端的绩效考核中，品牌不应只做"个人业绩"考核。因为现在终端销售已经更加注重团队协作。例如顾客在导购 A 的帮助下选择一个单品，此时导购 B 可在一旁观察并帮助挑选其他的连带商品，这样不仅可以提升顾客的购物感受，更提高了店铺的整体销售量。因此，业绩考核不应过分强调个人业绩，也要对销售小组进行考核。这样既有利团队协作、消除不良竞争，也提升了整体的销售能力。

很多服装公司会采用神秘顾客调查法对店铺进行考核。如果采用神秘顾客调查法，公司一定要制定出针对店铺严格的考核标准，神秘顾客才能按标准对店铺进行考查。否则他只是机械式地完成任务，并不了解公司真正想要解决的问题。

计利以听，乃为之势，以佐其外。势者，因利而制权也。

摘自《孙子兵法》始计第一

1.3企业文化建设

企业文化是推动企业发展的不竭动力,其核心是企业的精神和价值观。企业文化的本质是通过企业制度的严格执行衍生而成,制度上的强制或激励最终促使团队产生某一行为自觉,这一团体的行为自觉便组成了企业文化。

企业文化由三个层次构成:表面层的物质文化、中间层的制度文化与核心层的精神文化。企业文化的功能是:激发员工的使命感,凝聚员工的归属感,加强员工的责任感,赋予员工的荣誉感,实现员工的成就感。在企业文化的建设中,企业与员工的价值得以共同提升。

1.3.1 品牌专项培训

品牌专项培训中员工培训是重点,员工培训主要分两点:心态培训与知识培训,这两个专项培训的先后顺序非常有讲究。

第一步是心态培训。员工的心态教育非常重要,若没有良好的心态,员工会认为他仅仅是为公司打工而已,并不会对公司产生归属感,更无法保持一种良好的心态去面对顾客。因此,在知识培训前一定要进行心态培训,使员工保持一种"空杯"心态——如果想汲取更多知识,先要把自己想象成一个"空杯子",不能骄傲自满。此后员工就可快速接受并吸收各种专业知识。

第二步是知识培训。内容包括销售技巧、陈列规则、产品搭配、产品基本知识以及销售卖点等。这一类培训又分别针对不同人员的各种等级,如有新入职人员的初级培训,在职人员的提升培训,业务骨干的高级培训等。

无论何种培训,企业文化的灌输与传播是必定考虑的内容,只是形式可以多样化。

1.3.2 企业团队活动

员工是公司的发动机，他们应做到在无领导督促的情况下便可自发地完成分内工作。正所谓"千金重量人人挑，人人头上有指标"。有了工作指标，所有人都会考虑如何完成业绩指标以获得公司奖励。

案例 1-7 团队齐心协力达指标

某品牌 2013 年业务部未完成前两个季度的销售业绩，他们希望通过三、四季度的努力填补之前的业绩空缺。但由于业绩空缺过大，整个过程会十分艰辛。此时整个团队齐心协力，自发向公司申请举行巡展促销等活动。在国庆期间的商场大型巡展和大型特卖会中，仅用 5 天就创造了 70 多万的营业额，一次性追回了前两个季度落下的业绩额度。

公司需要一个非常有热情的团队，由他们来带动全员工作积极性和活跃公司氛围。这样，团队的凝聚力才越来越强大。卡耐基曾说，一个人的成功有 15% 取决于他的技能水平，但 85% 取决于他的人际关系。可见，情商和心理学非常重要，它们能够让你快速了解他人的性格特点并作出适当反应，尤其对领导者更是如此。领导者要强势却又不能让员工感觉压迫；利用权利却又不能让员工感觉厌烦；对员工和善却又不能让员工感觉软弱。若某店长在一家品牌公司工作不力，但跳槽后却在新公司得到施展并受到重用，这说明一个优秀的领导者对员工个人能力的开发非常重要。管理者要做到管理得力、说话得体、用权得当，这样才能管理好员工。正所谓"攻城为下，攻心为上"，管理者可以不精通专业知识，但能把所有员工凝聚起来就是一个好的管理者。领导者要使团队的价值观保持一致，这样团队才能朝着目标共同努力。因此，领导者需具备较高的情商并熟知心理学才能做到管理的收放自如。

公司与加盟商之间的团队合作也很重要，公司与加盟商洽谈时，部分加盟商会积极配合并解决相关问题。有了这样充满热情的合作对象，才能让整个团队凝聚在一起，发挥最大效能。并且这种"正能量"可以快速在团队传播，使整个团队更加积极向上。这些精通管理的优秀加盟商，在为品牌奉献的同时自己也收获良多，他们会赚钱，也懂得分享，这样既为别人创造了更多机会，也掌握了盈利之道。但此类加盟商可遇不可求，更多还是只考虑自身利益，比如有些加盟商就属于甩手掌柜，即使店铺月销售额只有 5~6 万元也置之不理，不会考虑通过装修店铺、培训员工等方式提高销售业绩，更不会做好管理。

2013年较火的一档节目《罗辑思维》创作者罗振宇曾说，处理人际关系永远是最考验人智商和情商的，现代博弈论通过试验得出的结论归为四条：

（1）善良。永远向对方表达善意，永远坚持不率先背叛对方。

（2）可激怒。当对方出现背叛行动时，二话不说，立即报复回去，让背叛者付出适当的代价。

（3）宽容。不会因为别人的一次背叛，就长时间怀恨在心，或者没完没了的报复，只要对方改过自新，重新回到合作轨道，就能既往不咎，恢复合作。

（4）简单透明。要让所有人清晰地知道自己的策略，不搅浑水，不随意改变策略。

的确，人际关系处理的得当与否直接决定公司管理的好坏。"团队"二字解释起来很有趣味，"团"字是由"口"和"才"字组成，"队"字是由"耳"和"人"字组成，即"团队"是由一位有口才的人带领一群聆听的人组成。

在企业团队中，无论是基层员工还是高层管理者，都要做到对事不对人、不背后议论、对上级服从、对下级尊重的原则。做任何事情都要保持良好的心态，先整理心情，再处理事情，不要因负面情绪影响工作。并且一定要有宽大的胸襟，遭遇员工背叛时要学会应对，在其改过自新时，一定要怀有一颗宽容的心，而不要因为对方一时背叛就怀恨在心。"人非圣贤，孰能无过"，每个人都会有说错话做错事的时候，如果其能够及时改正，还是要酌情处理。

企业文化建设的核心是找到与企业文化匹配的人。人是文化传播的载体，员工的思想观念需要与企业文化保持一致。

Mary 致员工

希望员工以及团队无论在何时都可以并肩作战，也希望他们的工作和生活都是以开心为主旋律，可以拿到很好的工资待遇，能够在工作的时候拼命工作，生活的时候拼命享受生活，只有懂得生活的人才能更懂得工作。

1.3.3 品牌文化传播

　　企业文化是需要传播的，而且，企业文化的传播需要整体的规划设计，并逐步建立和完善企业文化信息传递制度。在企业文化传播过程中，文化活动是有效的传播载体之一，是营造企业文化氛围的有效方式。公司每年组织员工开展形式多样、健康向上的文化娱乐活动和拓展训练活动，让员工在活动中潜移默化地接受和认同企业文化，培养员工的团队精神，增强凝聚力和向心力。

　　对品牌而言，服从于企业文化的品牌传播，就是企业以品牌的核心价值为原则，在品牌识别的整体框架下，选择广告、公关、销售、人际等传播方式，将特定品牌推广出去，以建立品牌形象，促进市场销售。

　　品牌传播涉及许多方面，其中与品牌力密切相关的有两个内容：一是广告；二是公共关系。广告与公关不仅是品牌信息传播的主要途径，而且在传播中还会建立品牌文化与品牌联想等，创造品牌新的价值。

孙子曰：凡用兵之法，驰车千驷，革车千乘，带甲十万，千里馈粮。则内外之费，宾客之用，胶漆之材，车甲之奉，日费千金，然后十万之师举矣。

摘自《孙子兵法》作战第二

1.4三大流管理

企业的信息流、资金流和物流三流并存，且错综复杂的交错运行。

从企业物流的角度切入，分为前中后三个阶段，形成商品的完整流通环节：

第一阶段包括产品面辅料系统（PLM, Product Lifecycle Management）和供应链采购系统（MM, Material Management）。

第二阶段包括财务系统(FI, Financial Institution)、进销存系统（ERP, Enterprise Resource Plan）和物流系统（WMS, Warehouse Management System）。

第三阶段包括终端支付系统（POS/EPOS, Point-Of-Sale / Electronic Point Of Sale）和客户关系管理系统（CRM, Customer Relationship Manage-ment）。

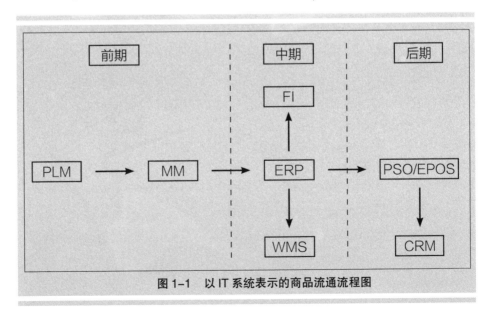

图1-1　以IT系统表示的商品流通流程图

举例说明，服装数据由面辅料系统到供应链采购系统，然后进入仓库，准备销售。一位顾客通过 POS 系统支付一件商品。ERP 系统收到指令后准备发货，发货之后，财务销账。若该顾客是 VIP，客户消费信息进入 CRM 系统（图 1-1）。

1.4.1 资金流——现金流

现金流是确保服装品牌正常运营的资金基础。就像人体的血液，没有足够现金流的保障，服装企业将失去市场竞争能力，甚至生命。因此，持续获取现金流是品牌经营者日常管理的重要内容（图 1-2）。

当现金流充足时，经营者就会更多地思考规模的扩大和市场的拓展。

当现金流紧缺时，经营者则会急切地专注产品的促销和资金的回笼。

现金的流入和流出一般通过现金流量表来表示。流入与流出的差额，则称为企业的净现金流量。一般以按年或季或月等时间单位。

图 1-2　持续获取现金流

1.4.2 货品流——商品流

在现代服装品牌营销中，与现金流同样重要的是货品流，也称商品流。

商品流是指服装商品在品牌营销可控的市场地域中所进行的有效运动，即常说的"配、送、调"。

如果说，现金流要关注"及时回笼"，那么商品流就是落实"适时送达和快速调整"。在现代服装品牌企业中，供应链管理体系的建设就是有效帮忙实现这一目标的操作手段（图1-3）。

供应链管理（SCM，Supply Chain Management）体系可以使企业在决策和管理供应链的所有运作体系时随时掌握信息。在供应链管理体系中，强调的是计划而不是事务处理。这些体系能够同步执行需求、产能和原材料处理，并在处理的同时进行调整[7]。

图1-3　供应链管理体系

1.4.3 信息流——ERP

　　除了现金流和商品流之外，另一个直接影响服装品牌营销质量的就是信息流。现金流中有信息流，商品流中也有信息流。如何准确用好这两种信息，并有效决策于整个经营活动,应该说是衡量企业经营能力的重要指标。

　　在服装品牌实际经营活动中，经营者往往通过各种方式来确保资金和货品的信息交流。从面对面的直接交谈到采用各种现代化的传递媒介，包括信息的收集、传递、处理、储存、检索、分析等渠道和过程。其中，企业资源规划体系是现代企业最主要的信息处理工具。

　　企业资源规划（ERP，Enterprise Resource Plan）体系是指合并部门，并在共同的、标准化的数据基础上更有效地生产。企业资源规划体系所涉及的核心是事务处理。尽管这些系统有原材料、生产、物流规划等功能，但因生产能力和需求的制约被分别考虑，导致了信息处理的滞后。因此体系之间复杂的不同性质，早期的体系被认为价格过高，并需要长达 4 年的执行才能发挥功能。为了能在所有行业中得以运用，企业资源规划体系经常要求公司调整它们的程序以符合这个体系。最大的 ERP 销售商包括 SAP、Oracle、Baan 和 PeopleSoft 等 [8]。

注释：

[1] 彼得·德鲁克. 管理思想全集 [M]. 赵雪章，译. 北京：中国长安出版社,2006.

[2] 菲利普·科特勒,凯文·莱恩.营销管理 [M].王永贵,于洪彦,何佳讯,陈荣,译.上海：上海人民出版社,2009.

[3] 彼得·德鲁克. 管理思想全集. 赵雪章，译. 北京：中国长安出版社,2006.

[4] 方振邦. 管理思想百年脉络 [M]. 北京：中国商业出版社,2004.

[5] http://baike.baidu.com/link?url=7tK6yVx1kDcMzvQHolpjDtKSw9hai6ve
O2LtJmDyEWlvj_3ebXo1gdzmHKBLQTLtop22ylC8mohDla-m6JpKgK.

[6] http://baike.baidu.com/link?url=5LC_W40FqDS9p-sPsWIN0OVBJCAn
RwSqD6SRSHWhaW7EXjXcVpMkyAAFJreD4C7AeA1nOjRjOnCKFR
NSbGctma.

[7] 桑德拉·J·凯瑟,麦尔娜·B·加纳.美国成衣设计与市场营销完全教程 [M] .上海:上海人民美术出版社,2009.

[8] 桑德拉·J·凯瑟,麦尔娜·B·加纳.美国成衣设计与市场营销完全教程 [M] .上海:上海人民美术出版社,2009.

第二篇

产品攻略篇

　　产品始终是市场营销的核心。作为第二大攻略，产品攻略篇是我们能真正认识并掌握"市场调查""市场分析""新品开发""产品生产""货品质量""销售波段""上货管理"等每个环节的重要内容。这些环节不仅有承上启下的联系和影响，而且又各自独立且自成体系。总之，产品攻略的每一个知识点与经营质量的优劣密不可分。如果你想成为一名卓越营销专家，产品攻略篇是必修课。

MARY 对产品的解读

服装产业是一个时尚产业。在特定的时间、区域和人群中，流行时刻左右着人们的衣着生活和审美趣向。紧紧围绕流行元素，设计师们乐此不疲地推出各种系列的风格产品。流行就是这样一种社会现象——盛行时，能帮助企业不断获利；过季时，就被市场抛弃并从人们的视线中消失。作为一种文化，流行土壤成就了庞大的服装产业，却无需企业为此买单，这是它的社会特性。作为一种资源，服装企业受阻于神秘的流行表象，并为之付出巨大成本，这是流行的经济特性。服装的流行始终随社会的变化而变化，并成为服装产业的风向标。

大道氾兮，其可左右。万物恃之以生而不辞，功成而不有。衣养万物而不为主，常无欲，可名于小；万物归焉而不为主，可名为大。以其终不自为大，故能成其大。

——摘自《道德经》第三十四章

[译文]：大道广泛流行，左右上下无所不到。万物依赖它生长而不推辞，完成了功业，办妥了事业，而不占有名誉。它养育万物而不自以为主，可以称它为"小"，万物归附而不自以为主宰，可以称它为"大"。正因为他不自以为伟大，所以才能成就它的伟大、完成它的伟大。

产品

很多人认为产品是一种有形的东西，其实它不只是这样。从广义上说，产品是任何一种能被提供来满足市场欲望和需要的东西，包括有形物品、服务、体验、事件、人物、地点、财产、组织、信息和想法等[9]。

单品

对一种商品而言，当其品牌、型号、配置、等级、花色、包装容量、单位、生产日期、保质期、用途、价格、产地等属性与其他商品都不相同时才可称为一个单品[10]。

品类

美国ECR（高效消费者反应）委员会将品类定义为"一组独特的、易于管理的产品或服务，在满足客户需求方面被客户认为相互联系的或可替代的"。它的产生是基于制造商的品牌合理化需求，这种需求使集中管理能够比分散的品牌管理职责发挥更大的控制权[11]。

产品线

产品线是指密切相关的一组产品，因为这些产品以类似的方式发挥功能，售予同类顾客群，通过同一种类的渠道销售出去，售价在一定的幅度内变动[12]。

品牌

品牌是指与其他企业的商品、服务明显区别的名称、语言、或象征。品牌的法律用语为商标（Trade Mark）。品牌是关于卖主的一个商品、商品族甚至全部商品的独特性表示[13]。

品牌定位

品牌定位是指对产品属性、消费对象、销售手段和品牌形象等内容的确定和划分，寻找和构筑适合品牌生存的时间和空间。这里的时间是指产品体系切入市场的时机，是品牌诞生的机会因素。空间是指产品体系的切入市场的地区，是品牌推广的区域因素，即消费基础因素。

从某种意义上说，品牌定位实际上是一个基于心理转换过程的概念，即希望通过品牌定位这一手段，转换为确立在目标顾客心中的品牌风格[14]。

市场调查

市场调查的发展过程整理成七个阶段：

第一阶段：1880 年—1920 年，属工业统计阶段。这段时期内，调查以普查为主，由于美国人口统计调查局 Herman Hollerith 发明使用打孔卡，开创了机器处理资料的先河。

第二阶段：1920 年—1940 年，属随机抽样、问卷调查及行为衡量的阶段。此时市场调查人员已了解如何有效地抽样，及如何设计更好的问卷。

第三阶段：1940 年—1950 年，属管理当局自觉阶段。此阶段管理当局，利用市场调查获得资讯辅助营销决策。

第四阶段：1950 年—1960 年，属应用实验法阶段。人员开始应用实施法及比较科学的方法解决营销问题。

第五阶段：1960 年—1970 年，属应用电脑分析及计量方法阶段。市场调查人员开始设计各种行销决策模式，并运用电脑分析。

第六阶段：1970 年—1980 年——属消费者理论发展阶段。此阶段市场调查人员改变过去的观念及研究方法 ，注重于解释并预测消费行为。

第七阶段：1980 年—现在，属于营销咨询系统建立阶段。营销资讯系统已受到普遍的关心，而且营销资讯系统，包括市场调查系统，其储藏资讯量较大，足以满足各界的需求，建立营销咨询系统，似已成为企业最迫切的问题[15]。

流行趋势预测

流行预测最早从流行色开始。随着时间的推移,加入面料和款式的色彩倾向，做一些相应的调整后成为服装预测流行趋势。

国际流行色预测由总部设在法国巴黎的"国际流行色协会"发布。国际流行色协会各成员国专家每年召开两次会议，讨论未来十八个月的春夏或秋冬流行色提案。协会通过对各成员国提案的讨论、表决，选定一致公认的三组色彩为未来季节的流行色，并进一步细分为男装、女装和休闲装流行色组块。

一般情况下，流行趋势预测最早提前 24 月，选定国际流行色提案。推广过程大致如下：

提前 24 个月，选定国际流行色提案。

提前 21 个月，由国际流行色协会的各国专家确定流行色国际提案。

提前 18 个月，以色卡形式发表流行色预测结果。

提前 12 个月，欧洲各国面料展发表面料流行趋势预测，其中面料的色彩趋势预测是以提前发布的色彩中呈上升趋势的色彩。稍后，各大著名设计师举行下一季时装发布会[16]。

商品策划

商品策划亦称商品企划(merchandising,简称 MD)，企业为了实现销售目标，采用最为有利的场所、时间、价格、数量（质量），将特定商品推向市场所进行的计划和管理。从商品策划的相关定义中可概括出"五适"或"5R"原则。

适品（ right merchandise ）——适当的产品

适所（ right place ）——适当的场所

适量（ right quantity ）——适当的数量（质量）

适价（ right price ）——适当的价格

适时（ right time ）——适当的时机

服装商品策划（ fashion merchandising ）是指企业针对服装消费者潜在的需求、欲望和期待，实施服装商品规划及帮助消费者得以自我实现的有关服装商品的一系列经营活动。服装商品策划将社会环境文化和流行时尚商品化，针对生活方式、品牌理念、社会生活环境动向、流行趋势、服装季节主题定位、推销和促销计划、商品类别确定、生产管理、成本控制、陈列展示及时装发布等进行统筹规划，最终实现企业营销目标[17]。

服装生产计划

生产计划是企业对生产运作进行事前的生产能力分析、生产准备、流程设计与安排。它具体规定了企业在计划期内应完成的产品、质量、产量、产值、期限等指标。服装生产计划的编制，是为了使企业在满足市场或顾客需求的同时，又能有效地利用企业的人力、物力、财力等资源，提高生产效率，降低成本，增加企业利润[18]。

产品质量

产品质量通常又分为设计质量、制造质量和销售质量。

设计质量是按一定的质量目标，根据所掌握的消费者使用要求及期待的性能，设计出满足用户需求的质量，称设计质量。它也称"目标质量"或"计划设计质量"。

制造质量又称"结果质量"。有时即使设计出了顾客满意的质量，但若制造中技术不熟练，设备准备不足，不按照设计要求加工或者忽视设计质量进行加工以及不考虑企业的生产能力轻易决定设计质量等，就会出现设计质量与制造质量之间的差异。

销售质量即检验质量。对于服装企业来说，销售的情报质量是质量计划和设计时的最主要依据[19]。

包装

包装是指将产品装于某容器或包装物之内，以便运输、陈列、销售、消费使用和保管。在现代商品经济活动中，产品的包装日益受到企业和消费者的重视，它是产品整体形象的重要组成部分。为了创立良好品牌形象，必须重视服装产品的包装策划[20]。

产品的包装是产品的一个要素，也是决定产品在零售货架竞争结果的一种外在媒介。包装设计师（他们有时在广告公司工作）应该让包装刺激、迷人，同时又具备其应有的功能。包装设计中要考虑的四大因素为：识别、容纳、保护与便利、具有吸引力[21]。

品检方法

（1）抽样：简单地讲是按某种目的，从母体（总体）中抽取部分样品。从原材料或产品中进行抽样的目的是为了推测批量总体作为对象的特征值，并由此对批量总体进行合理处置。

通常采用简单随机抽样和系统抽样。简单随机抽样可简称为随机抽样。当抽样者对批量产品在技术上、统计上完全不具备预备知识时采用随机抽样。系统抽样即用间隔法进行抽样。

（2）全数检验和抽样检验：全数检验即对产品一件一件进行检验，并将检验的结果与标准做比较，然后决定产品合格与否。

抽样检验即从所需检验的批量产品中，抽取一部分样品进行检验，并将检验结果与评定标准对照，决定产品批量合格与否。

（3）百分比抽样方案。

（4）计数调整型抽样方案[22]。

服务

服务是一方能够向另一方提供的、基本上无形的任何活动或作业，结果不会导致任何所有权的发生。

服务具有以下四个突出特点，而且它们对营销方案的制定有重要影响。这四大突出特点分别是：无行性、不可分离性、可变性和易逝性[23]。

竞争品牌

一般来说，企业在分析竞争对手时应该监视以下三个变量：

市场份额——竞争对手在目标市场所占的份额。

心智份额——在问到"在本行业中令你想起的第一个企业"时，回答是竞争者的顾客的比例。

情感份额——在回答"你会倾向于购买哪个企业的产品"时，提到竞争者的顾客的比例[24]。

2.1市场调查

2.1.1 品牌生存靠产品

产品是品牌营销的内核。品牌营销的三大构成分别是外壳层、中间层和核心层。外壳层是指品牌形象与意识，主要包括消费者对品牌印象、感情、评价和信赖；中间层是指品牌表达形式，主要包括品牌名称、徽标、包装、广告、卖场、品牌、手册、POP、代言人；核心层是指品牌产品，主要包括：品类、款式、色彩、面料、尺寸、价格等商品属性。

因此，服装品牌公司有两个部门非常重要，一是人力资源部，它相当于公司的心脏，为整个公司供血；二是商品部，其重要程度能够达到40%，如果核心产品失败，公司将面临危机。

产品战略定位至关重要，品牌经营以消费者为中心，保持产品定位与品牌定位的高度一致。

要进行良好的产品战略定位首先进行渠道定位，即选择渠道。因此，必须考虑市场策略、市场布局、开店计划以及店铺选址，其中包括城市划分（一、二、三、四级别的市场等级），商圈定位（A 高档商圈、B 中档商圈、C 低档商圈）。明确渠道定位后才能清楚商品布局与走向。

其次是价格定位，要掌握价格倍率策略。渠道定位决定了价格定位，因为百货公司折扣活动较多，服装品牌为确保其利润会提高在百货公司的价格倍率，而以品牌为主导的专卖店或 shopping mall（大型购物中心），价格倍率可有所降低。另外，产品风格不同，价格倍率也不同，大众休闲风格倍率较低，快时尚风格倍率居中，商务精品系列倍率较高。

其他基本的市场策略，如品牌公司对加盟商的订货折扣、退换货率、道具支持、返利政策以及营运支持这些都是需要考虑的因素。例如，某件衣服成本为 200 元，若服装公司希望利润达 100 元，考虑到退换货率，道具支持等政策，那么加盟商订货价格至少为 300 元。

2.1.2 品牌发展靠服务

1）导购对顾客的服务

对于零售行业来说学习心理学极为重要，因为每个顾客的脾气、性格不同，而服务过程短暂，导购需要在几分钟内通过顾客的语言、神情判断出顾客的性格类型。例如顾客为自主型还是犹豫型，面对自主型顾客，导购不需要做过多介绍，并且需要与其保持适当距离，一般来说3米的距离较为合适。因此，导购需要学习人际关系学、心理学，这样在面对顾客时才能做出准确判断。所以说，导购的判断力很重要，也许多年的工作经验可以让你轻松领悟面对不同顾客时应该做出怎样的服务，但是如果你懂心理学、人际关系学，就可能在短时间内成为一名优秀的导购。

真正的服务不是停留在表象的机械式服务，例如导购见到顾客只会说欢迎光临，而不是发自内心的服务。服务应是综合各种因素所得到的最终行为，这些因素包括服务态度、仪容仪表、言行举止、服务技巧等（图2-1）。

当见到顾客时，导购的仪容仪表已经对顾客产生了服务，不论男女导购都需要化妆，导购精致的妆容会让顾客产生购物欲望。比如在日本，服务人员都有非常精致的妆容，这是对顾客的一种尊重。因此，一定要强调导购仪容仪表的重要性。

图2-1　导购对顾客的服务

> **案例2-1：导购对顾客的异议处理**
>
> 　　某品牌导购在面对顾客的两种常见疑问时表现如下：
>
> 　　场景一
>
> 　　顾客A："为什么这款包包这么贵啊！"
>
> 　　导购A："小姐你太有眼光了！你看中的这款包是我们的镇店之宝，它的材质是进口头层牛皮，它设计精简实用，线条优雅流动，您真是太有眼光了！不妨您试背一下，感受一下它的贵气。"
>
> 　　在上述回答中，导购A运用了心理学的知识，首先认同顾客赞美顾客（您太有眼光了），其次站在对方的角度去思考问题（介绍此款包的材质功能），最后切入主题（您可以试背一下）。
>
>
> 　　场景二
>
> 　　顾客B："为什么其他品牌都在打折，你们的品牌没有打折呢？"
>
> 　　导购B："先生您好，这都被您发现啦，我们是刚刚入驻中国的新品牌，现在是不打折的，但是如果您今天买够2000元，我们可以送您一套限量版精美咖啡对杯。"
>
> 　　导购B俏皮式回答顾客异议会让顾客听起来很舒服。虽然品牌没有打折，但是导购站在顾客的角度思考问题，将另外一种优惠给到顾客。

　　2）品牌商对加盟商的服务

　　加盟商承担终端零售业务的重任，他们是企业生存与发展不可分割的重要组成部分。品牌公司与加盟商之间是一种双向服务的关系，应如同朋友一样。而现在，更多的情况是若加盟商业绩不理想，品牌公司就换加盟商，在其合作过程中品牌公司不曾思考如何指导加盟商经营品牌。品牌公司与加盟商之间缺少互动与沟通，加盟商不积极参加公司会议，离品牌越来越远，最后加盟商业绩不达标，品牌只能去寻找新的加盟商或自营，结果两败俱伤。

　　品牌公司对加盟商的有效管控非常重要，损失一个加盟商没关系，损失一个市场就再也爬不起来了。对于加盟商管理，品牌公司应建立一套完善的服务体系。品牌与加盟商之间的关系并不仅仅是加盟商到公司买货，公司为加盟商提供知识培训而已。首先，在双方签订加盟协议时，品牌公司就应提醒加盟商协议中的注意事项；其次，公司对加盟商应实行精细化管理模式，品牌商将加盟商当作自营店铺去维护，对加盟商进行培训支持（包括产品培训、服务培训、终端管理培训等）、陈列维护、组织架构搭建、商场互动及市场活动策划等多角度的精细化管理和维护，最终实现加盟商和品牌公司的双赢。

3）商场对品牌商的服务

如今，商场对品牌公司的服务较为欠缺，主要表现在对品牌终端的管控和对商场数据分析这两个方面。对于商场而言，他和品牌公司只是合作租赁关系，商场对品牌公司的服务只表现在签订合同和要求品牌撤柜时。当一个新品牌进驻商场时，商场应该有义务对这个新品牌进行宣传，比如广播宣传或者提供 DP（Display）点，但是事实上，大部分商场都没有这样的服务意识。除此之外，商场对顾客和业绩的数据分析能力也很薄弱，品牌公司很难从商场获得商场 VIP 顾客的男女比例、年龄分布、职业分类等数据。

商场楼管到品牌柜台进行巡查时，其实对货品结构好坏、价格是否合理、导购素养是否合格、陈列是否恰当都不得而知。为了使品牌公司及时了解终端信息，商场应当进行协助管控，商场对品牌终端要做到"望闻问切式"的管理。

何为望？望就是观察商场中 DP 展示、橱窗环境，换季时必须保证每家品牌的新货占比符合要求，橱窗中必须要有新品展示等。

何为闻？闻是指楼管需要有敏锐的感知度，能够察觉到商场中哪些品牌的销售状况不佳，哪些品牌在商场中发展很好。

何为问？问就是楼管从导购那儿了解货品的销售情况，哪些为畅销品，哪些又是滞销品。问也是一种商场对品牌公司的服务。

何为切？切就是切入主题。商场做到了望、闻、问，才能切入主题，告诉品牌公司其优势与不足，从而品牌公司才知道如何进行改进。

商场和品牌公司都要做到"望闻问切式"的管理，才能真正达到商场与品牌公司双赢的目的。

案例 2-3：某商场管理案例

某商场管理品牌方法如下：将每楼层品牌按照"二八原理"进行分配，即划出 20% 的重点品牌，让这 20% 的品牌起到模范带头作用，无形之中带动剩下 80% 的品牌成长，形成良性循环。与此同时，每楼层安排 3 名楼管，每名楼管分配一定数量的品牌，并且，商场为每名楼管设定业绩指标。如果楼管分管的品牌销售业绩同比增长或楼层排名靠前，楼管就会获得奖励；如果楼管分管的品牌业绩不达标，商场可以免费为品牌提供 DP 点。在这样的服务管控中，品牌可以及时了解自身欠缺以迅速改进并提升业绩。

案例 2-4：长春卓展商场正面案例

让我们通过一个正面案例来学习商场应该怎样为品牌商服务。长春卓展商场高层管理者主动为 SC 公司做 PPT 展示。PPT 上清晰地罗列了以下 5 项内容：

（1）SC 品牌在商场中的年度月销售业绩，并做了同期对比；

（2）SC 与其竞争品牌销售业绩的差距、商场排名情况，以及商场 6 大节日促销中 SC 竞争品牌的促销力度；

（3）商场的 7 万 VIP 的工种比例分析和 SC 品牌顾客的工种分布情况；

（4）SC 店铺的货品陈列展示照片，让公司直观地了解到货品陈列出现哪些问题，比如货品丰满度不够，货品未按色系进行陈列摆放；

（5）SC 导购薪资水平在商场中的排名情况，绩效考核有哪些不合理之处，并提供优秀案例给予参考。

这次 PPT 展示让 SC 公司受益颇丰，公司意识到了自身管理的不当之处并做出改进，SC 在长春卓展商场年销售业绩直线增长，从最初的 140 多万增长到 2012 年的 1000 多万。正是这种商场和品牌商之间的相处互动，让双方都可以受益。

案例 2-5：某商场的负面案例

SC 公司毫无征兆的接到某商场管理人员的电话，通知撤柜，后来在双方聊天中才了解到 SC 品牌在此商场的销售业绩很不理想，而该商场的 SC 品牌是加盟商负责。因此这就出现了 2 个问题：一是品牌商对于加盟商没有精细化管理，公司不了解商场对于加盟商的评价，也不了解品牌商场排名情况；二是商场缺乏管控意识和服务意识，对品牌服务较少，商场和品牌商出现断层，而导致一些信息不能及时有效地传递，所以最后出现了品牌被撤柜的情况。

2.1.3 寻找流行源头

1）色彩趋势

色彩流行预测始于销售旺季前两年到两年半的时间，这一过程基于环境调查，确定非时尚的事物对于流行趋势和生活方式主题的影响。

色彩营销集团和美国色彩协会是世界上最大的色彩营销协会。这些团体的成员是色彩专家，代表了一些世界最大的公司。这些组织为其成员提供论坛，集中讨论各种关于色彩的问题，搭建与其他行业的人脉网络，进行信息交换，熟悉新技术，预测色彩的发展方向。委员会的工作是预测未来一到三年的各种行业的动态，包括服装、运输、建筑、通信和绘图、玩具，还有纺织品25。

服装公司每年都会在获取流行资讯方面作出巨额投资，对于流行色和流行图案，公司会更多地参考国际一线品牌发布的流行资讯（表2-1）。

表2-1　流行色资讯

世界主要流行色组织和机构	
国际流行色协会	International Commission For Colour In Fashion And Textiles（Inter color）
国际纤维协会	International Fiber Association
国际羊毛局	International Wool Secretariat
国际棉业协会	International Institute For Cotton

2）面料市场

设计师在服装产品研发时很重要的一项工作就是面料的选择，通常设计师会依赖面料供应商提供的各类面辅料信息。面料设计与服装设计关系密切，两者最大的区别之处在于，前者更多的工作与面料的技术和工艺相关，后者更多的工作与服装的技术和工艺相关。

服装面料的选择一般会参考以下四个方面：

（1）根据国际一线服装品牌，抓住流行元素。

（2）延续历年畅销款。

（3）参考类似服装品牌，关注其卖点。

（4）积极参与国内外的面料展。国内每年有两次大型的面料博览会，分别为3月的北京春夏面料展和10月的上海秋冬面料展。欧洲纺织品精选展如表2-2所示。

服装设计师通过参考以上几方面，走访市场，做好面料需求企划，确定采购所需面料，这样公司在与生产厂商沟通前就已明确所需面料的颜色、花型和结构。比如当年面料流行AB纱针织面料、马海毛；花型流行格子和千鸟格；颜色流行红色和芥末黄，这些都需要设计师提前了解。

表 2-2 欧洲纺织品精选展

欧洲纺织品精选展[26]
欧洲纺织品精选展——在巴黎的第一视觉国际面料展上举行，一种简洁形式的面料展。每年 2 月和 10 月举行
法国纱线展（Expofil）——巴黎的一个欧洲纱线展览会。每年 6 月和 12 月举行
意大利国际男装面料展览会（Ideabiella）——以高档男装面料为特色。每年 2 月和 9 月在意大利切尔诺比奥举办
Ideacomo 博览会——主要展示高档女装面料。每年 2 月和 9 月在意大利科摩（意大利北部城市，在科摩湖畔，有丝绸城之城之称）举行
国际流行面料展——以展示面料、服装、CAD 和金融服务为特色。每年 2 月和 10 月在纽约举行
Interstoff 香港时装面料展——每月 3 月和 10 月在香港和圣保罗举行
洛杉矶纺织品展览——每年 4 月和 10 月举办的一种小型的、区域性的展览，主要面向西岸制造商
意大利佛罗伦萨国际纱线展览会（Pitti Filati）——意大利佛罗伦萨的纱线展览会。每年 1 月和 7 月举行
第一视觉国际面料展——以展示中档欧洲服装面料为特色，每年 2 月和 9 月在巴黎举行
国际纺织纱线展——一个在纽约展出的纱线展。每年 2 月和 8 月开展

3）造型风格

不同的服装造型可以塑造不同的服装风格。国际时装发布会通常都会推出新廓型，成为该季流行趋势的焦点，此外，也会有往年廓型与当下其他流行元素（颜色、设计细节）相结合，以新面貌重新出现，成为流行趋势。

4）设计元素

服装商品企划不是一个简单的复制过程，而是一个再创意再加工的过程，一般从以下 5 个方面收集资讯：

（1）巴黎、米兰、东京、纽约四大时装周秀场。

（2）权威机构发布的流行趋势信息，如中国纺织流行趋势研究中心、国际纺织流行趋势杂志等。根据这些机构的流行信息确定品牌来年趋势走向，这对成衣品牌来说至关重要，很多服装公司每年都会支出十几万的咨询费用与这些专业机构建立长期稳定的合作关系。

（3）大型面辅料展。面料供应商会将新的研发成果在展会中做集中的展示。各品牌会根据自身的风格挑选适合的面料，例如优雅男装就会剥离摇滚、街头潮人的元素。

（4）纽约、巴黎、东京街头实地采样。通过样衣的采集和街拍，了解国外潮人的着装、搭配方式。通过采样发现搭配趋势的变化，如以往不常见的卫衣与衬衫、高帮波鞋搭配在 2012 年成为东京街头时尚等。

（5）非服装类的流行信息采集。如参考米兰家具展、国际著名建筑设计大赛、室内设计、摄影及电影相关产业。这些艺术思潮对成衣设计都有很高的指导意义，商品企划中称其为"当下之风"，服装公司专门有人负责研究这一部分，例如今年建筑新的形式和新的设计方式、最新家具展的获奖作品风格、热门电影海报风格等。

2.1.4 追踪竞争品牌

1）竞争品牌的类型

服装品牌在市场中面对许多其他品牌的竞争，包括同一细分市场的竞争品牌、替代品牌的竞争及潜在的新品牌的竞争。

同一细分市场中的服装品牌其定位是为同一群目标消费者服务的，其产品是基于同一种消费需求，在市场中，这些服装品牌互为竞争对手。例如，BALENO与佐丹奴定位于年轻人的休闲服装，包括男装和女装，他们之间的竞争就属于同一细分市场的品牌竞争。

替代品牌的竞争在我国现阶段主要表现为品牌转型、品牌提升过程中，原有的品牌老化，逐渐被质量得到提升的品牌所替代。这种竞争的结果使消费者的着装需求得到更大程度的满足，对于服装业的发展非常有利，但这种竞争通常不为营销者注重。

在我国，一般服装品牌的生命周期都较短，服装市场上不断有老的品牌淘汰、新的品牌出现。新品牌的出现会增加市场的总供给量，在需求总量不变的情况下，对市场上现有的同类品牌会带来冲击，激化竞争的程度。

2）品牌竞争的形式

在服装品牌竞争中，竞争以一定的形式表现出来，常见的形式有：

（1）投资规模竞争。

（2）产品种类竞争。

（3）服装类别竞争。

（4）产品价格竞争。

（5）销售形式竞争。

（6）视觉形象竞争。

（7）销售人员竞争。

（8）销售渠道竞争。

研究品牌竞争时，不仅要调研竞争品牌，还要调研与之相关联的服装市场竞争环境，以及消费者对竞争品牌各方的评价。

2.1.5 解读销售数据

在分析店铺销售数据时，主要参考以下 12 个指标：营业额、分类货品销售额、前十大畅销款、前十大滞销款、连带率、坪效、人效、客单价、货品流失率、存销比、VIP 销售占比和销售折扣。

1. 营业额

1）营业额反映店铺的生意走势

针对以往销售数据，结合地区行业的发展状况，通过对营业额的每天定期跟进，每周总结比较，以此来调整促销及推广活动。

2）比较各分店销售状况

营业额指标有助于比较各分店的销售能力，从而为优化人员结构及货品组合提供参考。

3）为店铺及员工设立销售目标

● 根据营业额数据，设立店铺经营目标及员工销售目标，将营业额目标细分到每月、每周、每日、每时段、每班次、每人，让员工目标更加清晰；

● 为员工月度目标达成设立相应的奖励机制，激励员工冲上更高的销售额；

● 每天监控营业额指标完成进程情况，当目标任务未能达成时，应立即推出预备方案，若月中发现销售进程不理想时应及时调整人员、货品、促销方案。

2. 分类货品销售额

分类货品销售额即店铺中各个品类货品的销售额，如夹克、休闲裤、衬衣等。通过分类货品销售额指标的分析可以了解以下各点：

（1）通过了解分类货品的销售情况，使货品组合更符合该区实际消费取向，为店铺的订货、组货及促销提供参考依据。

（2）及时进行合理的补货和调货，从而优化库存及实现店铺利润最大化。

（3）及时进行合理的陈列调整和促销策略。通过比较店铺分类货品销售与该区正常销售比例，得出店铺的销售特性，考虑对慢流品类应多加展示，加强导购对慢流品类的重点推介及搭配销售。

3. 前十大畅销款

（1）定期统计分析前十大畅销款（每周 / 月 / 季），了解畅销原因及库存状况。

（2）根据销售速度及周期对前十大畅销款设立安全库存，时刻关注其是否需要补货或寻找替代品。

（3）培训员工利用畅销款搭配滞销款连带销售，带动店铺货品整体流动。

4.前十大滞销款

（1）定期统计分析前十大滞销款（每周/月/季），了解滞销的原因及库存状况。

（2）寻找滞销款卖点，并加强对导购的产品培训，提升导购对滞销品的销售技巧。制定滞销品的绩效激励政策，并有选择性地实施。

（3）调整滞销品的陈列方式及陈列位置，并进行重点推介。若滞销品的销售情况依旧不佳，需提早做好调货、退货或促销的准备。

5.连带率（连带率=销售件数/销售单数）

（1）连带率是衡量店铺人员货品搭配销售能力的重要依据。

（2）连带率低于1.3，应立即提升员工的附加推销力度，并给员工做附加推销培训，提升连带销售能力。

（3）当连带率低时，应调整关联产品的陈列位置，如把可搭配的产品陈列在相近的位置，在销售时起到便利搭配的作用，提升关联销售。

（4）当连带率低时，应检查店铺所采取的促销策略，调整合适的促销方式，鼓励顾客多消费。

6.坪效（每天每平米的销售额）

（1）店铺月坪效=月销售额/营业面积/天数。此指标能分析店铺面积的生产力，深入了解店铺销售的真实情况。

（2）坪效可以为订货提供参考，以及定期监控确认店内库存是否足够，坪效的分析意义也意味着合理增加有效营业面积则可增加营业额。

（3）坪效低的原因通常有：员工销售技能低、陈列不当、品类缺乏、搭配不当等。

（4）坪效低则应思考如下问题：

● 橱窗及模特是否大部分陈列了低价位的产品？

● 导购是否一致倾向于卖便宜类的产品？

● 黄金陈列位置的货品销售反应是否不佳？

● 店长是否制定了每周的主推货品，并对员工做主推货品的卖点培训？

7.人效（每天每人的销售额）

（1）店铺月人效=月销售额/店铺总人数/天数。此指标反映店铺人员的整体销售素质高低，以及人员配置数量是否合理。

（2）人效过低则须检查员工的产品知识及销售技巧是否存在不足，或排班不合理。排班应保证每个班都有销售能力强的导购，能提供人效的指标。

（3）根据员工最擅长的产品安排对应的销售区域，能有效提升人效。

8.客单价（客单价＝销售额／销售单数）

（1）客单价的高低反映店铺顾客消费承受能力的情况，多设订适合消费者承受力价位的产品，有助于提升营业额。

（2）比较店铺中货品与客人承受能力是否相符，将高于平均单价的产品在卖场做特殊陈列。

（3）用低于平均单价的产品吸引实际型顾客，如此丰富顾客类型有利于提升销售额。

（4）增加以平均单价为主的产品数量和类别，将平均单价作为货品订货的参考价格。

（5）提升中高价位的产品销售，是提升客单价的重要方法，店长应培训员工如何做中高价位产品的销售及如何回应顾客价位高的异议。

9.货品流失率（货品流失率＝缺失货品吊牌价／期间销售额×100%）

降低货品流失率的方法有：

（1）合理布局人员在卖场的站位。

（2）严格对待交接班工作，认真清点货品数目，对出现问题及时做检查和总结。

（3）在客流高峰期时，员工应提高警惕性，加强配合力度。

10.存销比（存销比＝库存件数／月销售件数）

（1）存销比过高，意味着库存总量或结构不合理，资金效率低。

（2）存销比过低，意味着库存不足，无法开展大规模销售活动。

（3）存销比反映总量问题，总量合理未必结构合理，月存销比维持在3至4之间较好。

（4）存销比细分包括：各品类货品存销比、新老货存销比、款式存销比等。

11. VIP销售占比（VIP销售占比＝VIP消费额／营业额）

（1）此指标反映的是店铺VIP的消费情况，从侧面表明店铺市场占有率和顾客忠诚度，考量店铺的综合服务能力和市场开发能力。

（2）一般情况下，VIP占比在45%至55%之间比较好，这时公司的利益为最大化，市场拓展与顾客忠诚度都相对正常，且业绩也相对稳定。若低于此数值区间，表示有顾客流失，或是市场认可度差，店铺的服务能力不佳；若是 VIP 高于数值区间，则表示开发新客户能力太弱。假若是先高后低，表示顾客流失严重。

12.销售折扣（销售折扣 = 营业额 / 销售吊牌金额）

（1）销售折扣是反映店铺价格折让的情况，直接影响店铺的毛利额，是利润中很重要的指标。

（2）店铺的营业额很高，并不代表着利润高，应参考销售折扣的高低。若销售折扣比较低，则说明店铺在做促销，店铺的毛利率很低。所以一个店铺毛利的高低与营业额、销售折扣这两个指标的高低有关。

兵法：一曰度，二曰量，三曰数，四曰称，五曰胜。地生度，度生量，量生数，数生称，称生胜。故胜兵若以镒称铢，败兵若以铢称镒。称胜者之战民也，若决积水于千仞之溪者，形也。

摘自《孙子兵法》军形第四

2.2 市场分析

2.2.1 产品结构

确定产品的总体结构可从"大"和"细"两个角度考虑。

第一，从"大"的角度考虑。从店铺所在的城市类别（一、二、三线城市）、商圈级别（A、B、C商圈）、店铺类型（shopping mall、百货、街边店）这些条件宏观考虑产品结构。

第二，从"细"的角度考虑。其所涉及的因素主要有营运支持、退换货率、道具支持、返利政策、货品价格等。考虑基本款、形象款和促销款的价格带。产品结构主要设置为三七分，两头小，中间大，即促销款和形象款占总量30%，基本款为70%。若形象款过多，价格偏高，则会影响销量；而若促销款过多，会损害品牌形象，因而一般基本款占比约70%，占据中心（主力）价格带。

单品值得关注。2013年，在国际很多秀场上流行的卫衣备受关注。在此之前，卫衣在国内并未被广泛接受，主要是为运动时穿着。而卫衣如今已登上国际T台，代表品牌有纪梵希和Kenzo。纪梵希卫衣风格是朋克、哥特式，廓型也与常规的廓型有所不同，其独特的图案设计吸人眼球（图2-2）。Kenzo卫衣则更加趣味性。纪梵希这一季的业绩远超于Prada、Gucci等品牌，其销售业绩与卫衣的热销是分不开的，包括与卫衣搭配的波鞋、长款衬衫等也处于热销状态。

此外，针对不同的月份也有不同的特殊单品，特殊单品即符合该地域市场的特殊民俗的产品。如中国9月份婚庆较多，围绕婚庆的服装品类占据了很大的份额，而12月份围绕元旦和圣诞的相关服装产品也属于特殊单品。圣诞节逛商场、橱窗，可以看到很多喜庆的东西，如红色毛衣、外套等。

图 2-2　纪梵希 2013 年流行卫衣

一个品牌的核心品类也可称为特殊单品。如沙驰品牌的核心产品是西服，其平面广告、媒体宣传都是围绕西服展开。特殊单品并非一成不变，它随着政治、经济、市场环境与消费流行趋势不断更新。比如，之前流行的貂皮单品，在国家提倡勤俭节约的号召下，很快就面临滞销。

2.2.2 竞争品牌

分析竞争品牌需要建立相关的情报系统以及研究的路径和方法。

1）建立研究竞争对手的情报系统

研究竞争对手的情报系统工作将遵循这样的流程展开：建立系统→收集资料→估计与分析→传播与反应。

● 建立系统

有专门的机构或成员负责竞争对手情报的收集、分析、储存及分发。通常由企业的业务经理监管这一工作。

● 收集资料

与营销活动相关的各类人员均要参与信息资料的收集工作。重点收集竞争对手销售组织与经销商中流传的信息和谣传。

收集资料时，销售人员是最重要的信息来源。因为他们经常接触竞争对手的销售人员和消费者，能够最早发现又有什么"新传说"了，经常能给出一个有关竞争对手新的折扣或营销计划的信息，使企业管理层及时采取对策，作出有效反应。新加盟的销售人员可以提供他们以前供职的企业或公司的情况，从侧面了解竞争对手的信息。

● 估计与分析

由专人分析收集所得信息，并向管理层提供解释和建议。

● 传播与反应

在本企业的销售网络中传递有关竞争者的信息，若能在网上传递信息则更为有利。

2）服装市场竞争环境分析

服装市场竞争环境分析是一种对竞争对手的非直接分析研究。在某一个服装细分市场中，寻找什么是驱动竞争的因素，成本？质量？还是营销手段？当了解了竞争的决定因素时，一方面可以明白竞争现状的根源；另一方面，可以增加企业对竞争影响因素的敏感度，从根本上超越竞争对手。

3）消费者对竞争各方的评价

了解消费者对竞争各方的评价是站在消费者的立场上认识自己和竞争对手。消费者对各竞争品牌的认知度、产品购买率以及对产品质量、服务、促销的看法，可以帮助企业客观地了解自己与竞争对手的劣势与优势，找出消费者用来区分竞争品牌产品与服务的决定因素及各因素的重要性。在战略计划制定时就可以有的放矢，把营销重点放在决定性高的因素上，服装产品的质量、价格、形象通常是重要的决定性因素，消费者以这些因素判断竞争产品间的区别，并以此作为购买服装的决定依据。

2.2.3 库存结构

服装零售行业都会选择促销、打折、进驻奥特莱斯等方法处理库存产品。平时以正价卖掉的服装，虽然价格倍率高，但是除去商场租金、营运管理费、人员费用等也就所剩无几了，堆积在仓库中的货品才是公司盈利的关键。此外，清理库存可以减少仓储管理费，所以公司必须及时清理并解决库存产品。

公司通过促销降低库存积压，但是，促销需要提前规划，需要根据实际的库存量，预估当季商品的售罄率和总库存量。根据总库存量进行促销规划，如每场大型特卖预计销售数量、每场特卖的铺货方式。除了大型特卖促销之外，还要计算员工内购会的库存比例以及奥特莱斯的铺货数量。

案例 2-6：根据库存结构调整促销规划

某公司的库存结构如下：

需要处理 2012 年秋冬库存 8284 件，2012 年秋冬前库存 27980 件。

清货计划：2012 年秋冬＋春夏共需处理 36264 件，假设平均价格 100 元，折零售金额 360 万。

促销规划如表 2-3 所示：

表 2-3　促销规划

促销计划		业绩目标	销售件数	说明
零售部	广州天河城商场特卖	300 000	3 000	
	公司特卖场特卖	100 000	1 000	
	部分商场每月 2 000 件	600 000	6 000	
特许部	中型特价场 800 件 ×5 场	400 000	4 000	
	小型特价场 500 件 ×10 场	500 000	5 000	
	中型特价场 1 000 件 ×5 场	500 000	5 000	
	大型特价场 2 000 件 ×3 场	600 000	6 000	
外包场	与专营特价场公司合作	600 000	6 000	
合计		3 600 000	36 000	

　　只有通过以上类似的促销规划，才能清楚的对库存进行有规划地处理。如果只关心订货而不关心库存，库存就会越来越大，也就毫无悬念的需要更多仓库来堆放库存，这样租金、物流成本、人员成本都会如同滚雪球一般越滚越大，导致资金流转变得困难，最坏的结果就是一个品牌被毁。因此，一个品牌若想要长久，必须管理好库存。

2.3新品开发

2.3.1 产品设计周期

每个公司的产品开发流程所需的时间长短各不相同，最初的设计将用去产品开发的大部分时间，而对于那些生产仿制品以及品牌相对发展成熟的公司，其产品开发的时间总量相对较短（图2-3）。

一个传统产品的开发周期时间是4~6个月，但目前实际的产品开发周期平均为4个月。随着计算机技术在产品开发中的应用，过去需40周的开发周期可缩短至2周左右，且多见于快销品牌。

图2-3　产品开发

案例 2-7：某女装产品开发时间表

1月	2月	3月	4月	5月	6月	7月	8月	9月	10月	11月	12月
夏装展示	夏装设计完工	制造和运输夏装	制造和运输夏装						夏装未来流行趋势调查	确定夏装风格款式	确定夏装风格款式
确定初秋风格款式	秋装展示	秋装设计完工	制造和运输秋装	制造和运输秋装						秋装未来流行趋势调查	确定秋装风格款式
深秋/冬装未来流行趋势调查	确定深秋/冬装的风格款式	深秋/冬装展示	制造和运输深秋/冬装	制造和运输深秋/冬装							深秋/冬装未来流行趋势调查
			节假日服装流行趋势调查	确定节假日服装风格款式	确定节假日服装风格款式	节假日服装展示	节假日服装设计完工，进行制造	制造和运输节假日服装			
制造和运输春装						春装未来流行趋势调查	确定春装风格款式	确定春装风格款式	春装展示	春装设计完工	制造和运输春装
		欧洲高级女装秋冬发布							欧洲高级女装春夏发布		

2.3.2 封样确认周期

什么是封样确认？产品在大货生产之前都称为样衣，样衣的组成有两部分，一部分是服装公司技术中心打样或工厂打样；另一部分是样衣经订货会后若确认大货生产，工厂大货生产前需出样确认，此为产前的封样确认。

产前封样确认环节是为确保生产货品的准确性和可靠性，因而过程更为繁琐。比如某样衣是在 A 工厂出样，而大货生产是在 B 工厂，这时候就可能出现因材质、板型、工人缝制、辅料的运用差异，成衣效果都会不同，包括廓型的变化，因此产前封样确认极为重要。

产前封样确认分为三个环节。第一环节是由设计师负责，由设计师来确定样板颜色、材质、款式（轮廓部分）；第二环节是由技术部门签字确认板型、工艺及缝制技术；第三环节是由商品企划部门签字确认样衣的波段安排、搭配组合。从服装品牌的吊牌上就会了解波段信息、搭配组合。

上述三个环节一致通过后，才可以进入最后的大货生产环节。

2.3.3 大货生产周期

不管是自营生产，还是外包生产，服装大货生产周期一般分为两部分：生产准备期和生产实施期。由于生产品类上的差异，大货生产周期往往相差较多。通过情况下，从下单到出货，一般需要 40~45 天。其中：

生产准备期约 16~19 天，包括：物料准备期、机械设备或工具准备期、工艺准备期。如果一切有现成的，那么这一时间就可以省下。

生产实施期约 24~26 天，包括：加工时间、搬运时间、品检时间和出货时间。

2.4 产品生产

2.4.1 每季产品生产总量的编制

服装产品的生产总量是依据销售金额、新货占比、货品结构、价格、店铺数量、零售折扣率和库存率等计算得出的。以每季为例，产品生产量计划的计算可参考如下公式。

销售计划 × 季度新货占比 = 新货销售计划

季度新货占比可参考上一年同季度的数据，例如上一年同季度货品总金额数量为 20 万元，新货金额总数为 17 万元，可算出新货占比为 17/20×100%=85%，预计今年的销售计划为 30 万元，则新货销售计划为 30 万 ×85%=25.5 万元。

新货销售计划 ÷ 季度折扣率 = 需采购吊牌价

需采购吊牌价 × 各类别百分比 = 类别买货金额

类别卖货金额 ÷ 平均单价 = 类别买货件数

类别买货件数 ÷ 各款各色铺货量 = 可买款数

上述公式不含库存率，可把原库存预算金额用以购买主打款。主打款的订款量需适当放大。

案例 2-8：A 品牌各店铺铺货量计算

以 A 品牌为例，若按照 50 家店订货，平均每家店铺销售周期为 6 个月，每月卖出 15 万元（含业绩缺口），那么 50 家店铺共需 4 500 万元。各店铺铺货量估算方法如下：

（1）首先与财务核算平均折扣，如果定为 8 折，那么 4 500 万元折算后的吊牌价格为 5 625 万元。

（2）其次考虑基本库存安全量，通常安全库存为 30%，那么总量就是 5 625/(1-30%)=8 035 万元。

（3）考虑新老货品的比例。例如在 50 家店铺中的 C 类店铺放置 15% 的老货，则新货比例为85%，那么今年真正的订货额为8 035万元×0.85=6 830万元。这只是笼统的计算，若细算到每家店铺，具体情况要具体分析。安全库存、新老货品比例不同，结果也就不同。

（4）考虑动销率。每家店铺90万元的营业额，假设每家店铺30%的安全库存，那么一家店铺每季至少铺货90/（1−30%）（库存安全）/0.8（折扣率）=160万的货，假如每件衣服的平均价格是1 200元，就是要定1 333件。将这1 333件平均分摊到每个系列，假设三个系列的占比为：A系列40%，B系列35%，C系列25%，再根据系列划分品类占比，春和夏的占比（假设春天的占比是38%，夏天的占比是62%），就可以将每个系列下面产品的数量计算出来。

2.4.2 关于补货生产的原则

补货的决定权不在研发部，而是在销售部。服装有生命周期，一件衣服的生命周期通常为10~12周，即从上货到下架的时间段。判断某款服装是否需要补货加单，一般在上货后的2~3周内决定，多由销售部根据每天的销售数据进行分析并判断。在实际操作中，也会考虑动销率超过多少时有补单的可能性。若某品牌的店铺数量不多，每件实际投产量一般为300~500件，如果某件服装上架后一周内销售数量达到1%~2%，就会引起关注，并根据两周内的销售动态判断是否补货。

补货前先判断一件衣服的生命周期，通常以周为单位。生命周期的判断是有依据的，例如衬衫的实穿性强，销售周期从8月持续到10月底。秋季的第一波段一般在8月中旬，而到了十月底就很难再有上升的态势。成熟的公司每款产品都有生命周期表格，并且每天关注销售数据曲线的变化。

补货主要针对跑量款或者主推款，而有些货品不考虑补单。如由进口面料制作的服装，从下单到上货需要2~3个月甚至更长的时间，客观条件不允许补单；如某款服装只是形象款，也不提供补货。如果对所有产品补货，一方面会产生大量库存，同时大量补货会增大生产部的工作压力，影响正常工作流程。

一般来说，订货会下单非常重要，公司自身与每区域的订货人员在总量把控上要小心谨慎，准确下单，以免大货生产时出现生产力不足或生产过量。比如某款服装在投产前就要确定是否畅销，如果觉得这件衣服能成为热销款，在订货会之后就可以大量投产，否则售卖时就会出现问题。若产品比预期畅销，可能会断货，错过最佳销售期；若产品滞销，则会造成库存积压。

每个品牌有不同的销售策略，有的品牌会采用"饥饿营销法"，售罄后就不再补货，想要购买只有等到下次。每个品牌也会生产类似款，不只主打某一款。有的快消品牌采用国产面料，很快就能补货，因工厂资源不同，配合度也会有差异，生产周期也会不同，所以供应链体系很重要，面料的来源（国产还是进口）也很重要，这些都是环环相扣。除此之外，很多企业会考虑到利润率，这也是企业最核心的利益。

2.5货品质量

每个企业都会依照国家现行的质量标准体系进行质量检验，这是产品进入商场最基本的条件，只有产品达标才能进入商场。缝制标准、PH值标准都备受关注，尤其是pH值，现在消费者对环保、健康的意识逐渐增强，为此国家都有很明确的标准制定。

品牌的标准检验都来源于国标，很多企业实际采用的内部标准高于国标。品牌的定位不同，检验的标准也随之变化，越是高端的品牌，对自身企业质量检验的标准制定就会更加严格和详细。

很多公司内部都有质量标准手册，且内容非常详细。比如针距因品类、材质不同会有不一样的标准，衬衫与大衣的缝制针距就会有差异。该手册主要起两方面的作用：一是让与企业合作的工厂对货品能够形成统一质量标准体系，企业的质检人员（QC，quality control）可以根据公司内部质量标准去工厂验货，检验工厂生产的服装是否达标；二是让公司各部门对企业货品质量标准形成共识。越高端的品牌在这方面越重视，很多高端品牌都有自己的质量检验实验室，包括化学和物理实验室，对面辅料pH值、撕裂强度等指标进行检验。

货品上柜时，导购需要对货品外观质量进行把控，比如线头是否修剪干净，熨烫是否平整等，且导购需要对货品质量进行签字确认。若顾客在穿着过程中发现个别货品有质量问题，会有专门的售后服务部门来处理。对售后服务部门的考核标准之一就是其处理问题货品的速度，也就是考核问题货品从顾客到售后服务部门维修完毕，返还给顾客的时间长短。

案例 2-9：Loro Piana

目前市场上一个很火的品牌叫 Loro Piana，它主要以山羊绒为设计重点。店铺装修视觉效果清晰明朗。这个品牌主要做两件事：挑选优质面料和追求精细手工。它价格较贵但却在市场反响很好，这是因为它的产品面料上乘、工艺精湛、设计低调奢华优雅。因为现代消费者越来越注重服装面料和工艺，Loro Piana 会在奢华精品市场越走越好（图 2-4）。

图 2-4　Loro Piana 女士秋冬成衣系列

2.5.1 品检方法

质量检验分为全检和抽检。因为货品数量庞大，全数检验耗时长，通常抽取 10% 或者 15% 的货品进行抽样检验，而全检主要针对客单价很高的品类，比如貂毛类、皮衣类等。此外，在某些品牌，进口商品都要求全检。

案例 2-10：S 品牌质量等级划分

在 S 品牌，会有各工厂年度质量检验报告，主要考核加工生产质量、生产交期配合度、设计打样前期开发配合度等几个指标，此年度检验报告对于考核工厂是一个非常重要的环节，其最终结果可以直接影响到公司对工厂等级划分。工厂等级分为 A、B、C 三级，工厂年度检验报告结果到达企业设定的 A 类标准，即为 A 级工厂，其加工后的货品可以免检入库，直接上架。企业的 QC 也不会派驻到 A 级工厂，公司可以把更多的人力资源投入到有问题的工厂，减少了企业人力资源的浪费，为企业带来便利；C 级工厂是年度检验报告结果低于企业设定的 C 类标准，对于这类工厂企业会考虑终止合作，或限期整改，对于不同的问题企业会有不同的对策；B 级工厂是介于 A 级和 C 级之间的工厂，前期导入和中期检验都会有 QC 驻场检验，生产加工出的货品需要进入待检区，QC 完成货品检验后入库。

2.5.2 包装形式

包装是货品的重要构成部分，所以讨论货品质量就一定会涉及包装形式与质量的问题。服装常见的包装方法有折叠包装后装箱与立体包装两种形式。

（1）折叠包装后装箱：这种方法能充分利用空间，但服装穿着时外观效果不佳。

（2）立体包装：如女套装、西服、大衣等，服装工厂整烫完毕后套上衣罩，挂在专用架上，入库、运输和进店铺都采用吊挂传送及挂架陈列方式。立体包装能很好地保持整烫整理后的服装外观，有良好的店铺陈列效果，但在保管和运输上要有专用挂架，成本较折叠包装高。

> 孙子曰：夫用兵之法，全国为上，破国次之；全军为上，破军次之；全旅为上，破旅次之；全卒为上，破卒次之；全伍为上，破伍次之。
>
> 摘自《孙子兵法》谋攻第三

2.6销售波段

2.6.1 常见的销售波段设计

男女装大多分为春夏、秋冬两季，一般男装每季设 4~5 个波段，女装波段的设定更为复杂，不能简单地按照季节划分，企业情况不同，分类也会有差异。

销售波段的划分会以全国平均气温为参考，波段对应气温，气温对应货品品类结构,通常大季的第一波段以全国平均气温为参考。以秋冬季为例，第1波段（8月份），全国平均气温约为25度，人们可能会穿着短袖、衬衫、薄毛衫、背心，这时该波段的货品要与此相对应；第2波段（9月份）会有西装、薄棉服、风衣等品类；第3波段（10月份）为初冬，主要以大衣、棉服为主；第4波段（11月份）全国平均气温已在10度以下，此时会增加长款皮毛一体大衣、长款羽绒服等品类。

设计师会根据每波段的主打品类考虑整体搭配设计。例如12月份着装主要以长款羽绒服、皮毛一体大衣为主，设计师会考虑与其搭配的毛衫、线衫。随着居民生活质量水平不断提高，空调与暖气已经普及，无形中消费者的穿衣观念和方式都发生了变化，更多的顾客会选择内薄外厚的搭配方式，而不是厚毛衣与厚外套的臃肿搭配。羊绒衫成为众多消费者的选择，因为羊绒衫轻柔且保暖，与皮毛一体大衣、羽绒服搭配也不会有臃肿感。如果波段设定时品类构成错误，销售业绩就会受到负面影响。

波段设定与品牌定位、公司规模息息相关。比如美邦、森马、GXG 等大众休闲流行性品牌，其波段设定较密集；ZARA、H&M 类快时尚品牌的波段设定相比之下更为密集，通常以周为单位，它必须迎合市场的潮流性变化。

案例 2-11：S 品牌销售波段设计

S 品牌春夏大季分为初春、春夏、初夏、盛夏四波段。在 24 节气中春天持续的时间很短，因此在设定初春波段时缩短了其持续时间。第 2 个波段为春夏交替波段，此时会有长袖、短袖的组合。S 品牌遍布东西南北区域，而南北温度差异较大，公司在设定波段时除参考全国平均气温外，也会考虑特殊区域的情况。例如，1 月份的昆明，在北方人们还穿着羽绒服时，他们已经到了穿短袖的季节，因此，昆明与其他地区货品品类结构差异较大。

而秋冬大季分为初秋、深秋、初冬和深冬四个波段。初秋波段通常会设在 8 月 5 号至 15 号期间，深秋波段会设在 9 月 5 号左右，初冬会在 10 月份设定 2 个波段，深冬波段一般会设在 11 月份。其中深秋波段尤为重要，因为会有十一黄金周、婚庆采购等销售高峰期。且由于南北气候差异，在东北如沈阳这样寒冷的地区，可能 8 月底就会上第二波段新品。

2.6.2 产品的企划

1. 企划内容

根据品牌销售波段的设定，产品企划具体包含以下内容：

1）系列分类

若产品分为 A、B、C 三个系列，其受欢迎程度为 A>B>C，那么三个系列的数量比例可设为：A 40%、B 35%、C 25%。

2）波段检验

波段检验主要分为三个步骤：

● 各波段中的系列检验，如衬衫、夹克、T 恤的占比。

● 各波段上下装比例检验，例如西装与裤子之间的搭配比例确定。

● 各波段的颜色、面料检验。春天到夏天的服装颜色由深变浅、由暗变亮，面料由厚到薄；秋天到冬天的服装颜色由浅至深，面料由薄到厚。在 11 月至 12 月这个时间波段中，品牌会考虑圣诞节和春节而推出一些红色的产品。

3）Top10

公司每年会分析销售数据，对各品类中所有款式进行销售业绩排名，其中前 10 名称为 Top10。Top10 可为商品企划提供方向，例如今年 T 恤（含颜色）共有 60 款，则需研究其 Top10 的卖点，计算 Top10 在整个 T 恤品类中销售金额占比，其他品类也应如此。对于款式较少的品类，只需研究其 Top5。针对上一年 Top10 的卖点，来年的产品企划可以考虑对热点产品进行延续，并考虑是否增加数量。

4）成本核算

成本核算时，针对以下各点可以做适当的调整。对于款式好、成本低的服装，若想保证其物有所值，可采用提高工艺的方法；对于款式好、面料贵的服装，为保证其利润，可采用减少工艺或辅料成本的方法；对于设计独特、面料新颖的服装，可提高其价格倍率。

2.商品企划专员

服装公司的商品企划专员是一个非常关键的角色。如果他 / 她只通过网络、会议、店长和导购间接获得市场信息，而不直接接触终端了解市场，则会灵感枯竭，并无法知道货品畅销和滞销的原因。因此，企划专员要努力做好以下几点工作。

● 企划专员在出差之前需做准备工作。其需提前联系加盟商，了解市场信息，进行数据分析和挖掘，了解品牌当季畅销品与滞销品。例如某服装滞销是因为面料太厚与季节不符，或者是面料很好板型却有问题。同时还需了解竞争品牌的货品详情及销售情况。

● 商品企划之前必须要做商品需求企划，了解每月的热销款、往年的平均折扣以及货品走势。除此之外，还需做市场分析，公司需定期召开产品分析会。以某品牌公司为例，该公司每月会通过视频的方式召开会议，在视频会议中，各区域销售人员分别呈现其分析图表并进行探讨和分析。商品企划人员可以了解到畅销的颜色、款式、面料、廓型、各地区的平均温度及不同区域的货品销售差异，此时，商品企划人员就可以做出需求企划。

● 除去了解市场和参会之外，企划人员还要经常去终端站店。尤其周末客流量较大，适合企划专员更直观了解顾客需求。

3.企划步骤

1）企划主题

商品企划非常复杂，一个品牌从最初仅有 logo 到发展成熟，要有价格企划、产品企划、定位企划、面料企划等。此外，做商品企划时，应当要确定各波段主题，通常会从服饰资讯、流行电影、流行音乐等信息中获取灵感。

案例 2-12：S 品牌"复古年轮"主题活动

S 品牌在 2012 年秋冬推出了 "复古年轮"的主题活动，其灵感大都是来源于《唐顿庄园》和《了不起的盖茨比》这两部影视作品。活动展示元素包括双排扣、千鸟格、雪茄、骑马、射箭等。主办方还在游戏环节设置了当下流行的复古运动——射击。流行电影的元素不仅加入了服装设计，也成为推广活动的主题。

对于我国的服装品牌发展而言，商品企划是不可缺少的部门，但国内很多的品牌还没有意识到它的重要性，仅仅凭借管理者和营销团队的经验来定位，然后去市场上抄袭畅销款式。以这样的方式将货品全部组合完以后，在订货会时才发现整盘货品散乱、上下装搭配比例混乱、色彩杂乱、无主题，整体看起来就像一个大杂烩。

在某公司订货会中，加盟商看完货品后一头雾水，下单量很少。一季的产品按常规最多只有300个款式，订货会却展示了1 000多款样衣。那么，加盟商要从1 000多个款式中挑选300个款式，这其中就会产生很多问题。首先，加盟商在订货会中是大海捞针；其次品牌公司也是众口难调，虽然特定的几款下单量较大，但更多的是分散订货，这样会导致品牌公司向工厂下单难度加大，而且在生产过程中会发现很多分散订货的款式都是类似的。因为没有人做引导，加盟商下单时也会出现问题，造成货品挤压，使品牌形象受损。

2）企划书

企划书多参考温度营销做各季商品企划。如果没有考虑温度，会造成品类缺失或结构不当。例如冬季皮衣、羽绒服的开发不及时，又如早秋历时较长，货品数量、品类应多开发。当下应当向国外品牌学习它们对商品企划的研究，成立商品企划部门，将设计、面料开发、技术、采购、生产、营销以及终端服务串联起来。运用商品企划将整个商品流程规范化、系统化、数字化、形象化，制定一套非常完整的、可行性的商品企划书，以确保每季度的商品开发严格按照企划书进行。

3）核心图案

目前男装品牌的商品企划没有女装的发展成熟。女装商品企划的概念、主题、系列相比更加考究。成熟的品牌在做商品企划时都会以一种图案为核心，如2013年Burberry的红心图案、Kenzo的眼睛图案、爱马仕的千鸟格。

案例2-13：kenzo 2013年"眼睛"主题商品企划

Kenzo 2013秋冬女装发布会，设计师把寺庙象征符号"眼睛"图案作为主打印花，其灵感源自印度、尼泊尔和中国一带的寺庙。"眼睛"装饰印花大胆张扬，掀起一波热潮，轻松自然地进入各时尚明星和街拍潮人们的"法眼"。店铺中无论是正当季货品，配饰还是地毯、手机壳、围巾、手袋都可以看到一只只精灵眼睛，精怪可爱甚至诡异惊悚（图2-5、图2-6）。

图 2-5　Kenzo 2013 "眼睛" 线衫　　图 2-6　世界名模奚梦瑶身穿 Kenzo 眼睛服装

4）满足需求

服装商品企划以顾客需求为出发点，以目标消费者的生活方式、价值观、心理诉求为基础，通过服装商品传递时尚信息、价值取向、文化观念来满足消费者对时尚的需求。通常，服装品牌每季有不同主题且分布于不同的系列与上货波段，其好处有：第一，陈列橱窗可鲜明地迎合主题做展示；第二，单品量掌控合理；第三，市场推广与主题吻合。这样才能呈献给顾客完整的视觉体验。

案例 2-14：商品企划波段、主题、系列的重要性

某公司因为一次商品企划不合理而使店铺销售受到影响。在产品开发时划分了 6 个波段，每波段设置三个系列。三个系列主打色分别为绿、蓝、紫。户外服选用绿色，体现森林环保理念；商务系列选用蓝色；休闲系列选用紫色。但在销售过程中就会出现严重问题，由于 6 个波段的颜色都是绿、蓝、紫，那么顾客会因这些一成不变的颜色而产生视觉疲劳。所以公司为避免重蹈覆辙，制定了新的商品企划方案。首先每波段设定主题，确定主题后分成不同系列，这样就能起到连贯作用。第一，橱窗陈列可根据已确定的主题设计，每波段的主打色会贯穿整个店铺；第二，确定每波段的主题可以很好地掌握单品量、运用温度营销、方便面料采集、促进连带搭配等。单品量应为"橄榄型"，两头小中间大，例如秋冬季节交替时，冬季货品单品量应较小，随天气变冷，店铺增加单品量，可选择增加羽绒服或皮草品类，到冬季快结束时，上货单品量变小。如果在每阶段单品量平均分配，会容易造成库存，尤其是波段前、后期库存较大。

5）大事件营销

商品企划前期一定要考虑流行趋势、颜色、款式、每节气的礼品开发、还有大事件营销与产品活动相结合等，否则会造成与市场脱节。

案例2-15：大事件营销——2014年足球世界杯

2014年将举办足球世界杯，公司以此为主题进行商品企划。根据主题进行价格定位，确定主推产品，预估生产数量，完成画册拍摄。设计部开发一件售价为680元的"世界杯"主题T恤。此后召开会议，探讨营销推广方案，上货波段以及到货时间，如何设计橱窗陈列，如何准备前期预售工作，重点培训内容是什么。商品企划贯穿公司各个部门，陈列部在公司样品间做好橱窗陈列，将陈列布局、主题等传达给培训部，培训部将此与销售技巧、产品知识相结合，传达给各终端店铺。

商品企划与多个部门息息相关，它不仅与设计部挂钩，同时与陈列部、培训部、营销部，市场部挂钩，只有各个部门环环相扣，才能达到预期效果。

6）饰品企划

现今已是"饰界大战"的年代，越来越多的品牌开始重视饰品搭配的效果，而不仅仅局限在橱窗陈列。在如今服装商品企划中，饰品搭配是至关重要的一部分，一双鞋子亦或是一条围巾、一个领结都可以使服装整体造型呈现不同的视觉效果，它们起到了画龙点睛的作用。总而言之，拥有一流的服务、营销、陈列、培训、道具才能将品牌做到极致。

2.6.3 产品的 MP

1）MD 与 MP 的工作职能

MP（merchandising plan，商品计划）—— 货品运作工作：①新商品入仓计划与出货安排，②配货、发货、自营店调补货。

MD（merchandising，商品企划）—— 买手工作：①季度销售计划，②商品需求企划，③季度买货计划，④销售分析－商品报表体系，⑤季度清库计划。

2）MP 两季交替准备工作

两季交替时，MP 需做好以下准备工作：

（1） 确认新品的到库率。如 8 月换季之前，MP 就需在 7 月做好整体的计划，预计新品到库情况。

（2）做好发货计划。在每一区域都要做好所有的发货计划。先以特殊区域优先发货，这时就应该把所有货品的上货计划全做好。其次，在物流体系发货时，一定要跟物流对接，发货先考虑最重要、最需要的地方。要注意两个方面：第一，MP应考虑不同城市的气候特点进行发货，如2月发货是先从南部城市开始，比如深圳、广州、南宁等；第二，商品MD和MP两个部门需要随时进行沟通，如7月时需要一起研究8月的下架、上货的服装数量、货品库存量、打折方式与折扣力度等问题。

案例 2-16：产品的 MP

在S品牌，商品配发部门就是MP部门，在与物流部紧密沟通的同时，也要与客户沟通，此外MP部门还要与店长互动，与快递公司洽谈。总的来说MP部门不光要进行数据分析，还要用最快的速度把最适合的商品送到最合适的地点，这就是他们的使命。对于MP部门，沟通也是很重要的，MP部门不仅需要与物流部沟通，还需要和业务部沟通。比如公司要进驻苏州美罗商场，MP部门需要了解苏州的温度以及商品如何配发，这些都需要MP部门在配货前和销售人员进行沟通，了解配货城市的温度和店铺属性。

MP配发时经常会遇到2种情况：一是原有店铺已存在订单，MP部门了解店铺订单量；二是增加的新店，这种情况要和业务部门做好对接。MP部门需要清楚了解当季需要配发的货品以及货品数量，畅销品价格带，这个沟通是极为重要。

3）MP操作系统——BI系统

在很多服装公司，MP会借助BI软件（Business Intelligence，商业智能软件）展开工作。BI是在20世纪90年代美国分析师创造的，它是基于ERP（Enterprise Resource Planning，企业资源计划系统）等信息化管理工具而构建的智能化管理工具，它实时地对ERP、CRM、SCM等管理工具生成的企业数据进行各种分析，并生成报告，帮助管理者认识企业和市场的现状，做出正确的决策。不仅如此，BI还具有客户关系管理、盈利分析、降低成本等功能。

BI系统具有强大的数据分析的功能，不同的货品会有不同的销售周期。在服装销售过程中，BI系统会分析销售数据，自动提醒某款服装销售情况不理想，或是即将售罄，是否需要补单。此外，BI系统还可以设计高层专属模式，比如某公司总经理想了解南京的销售情况，只需在系统"城市"中选择"南京"，系统会分析店铺盈利状况、商品走势、毛利率以及VIP数据。众所周知，淘宝分析数据能力强大，例如可自动统计各店铺每月UV量（Unique Visitor，网站独立访客。指不同的通过互联网访问、浏览这个网页的自然人）与成交量，并计算客单价。BI 系统的功能与其很接近，商品部通过运用 BI 系统可以了解不同的货品在各地区的销售情况，可以提前告知 MP 哪些区域的哪种货品需要补单或是进行促销，BI 系统提高了商品部对货品的敏感度。

案例 2-17：雅戈尔 BI 系统使用

　　2001 年，雅戈尔开始投资供应链和 BI 软件。现在，雅戈尔的供应链和物流管理系统打通了采购、生产、销售各个环节，使得生产、库存、销售各个环节可视化、透明化。BI 使运营人员对每个销售网点的销售情况、不同款式的销售情况和区域销售特点了如指掌。使用 BI 系统后，雅戈尔的库存比过去下降约 30%，缺货损失减少 35% 以上，人为因素造成的损失减少 20%，生产周期缩短了 50%。在 2010 年，雅戈尔有 200 多人都在使用 BI 工具，其中商品物流部占 100 人以上。

　　雅戈尔商品物流部部门负责人曾感慨感叹："以前我们一遇到数据就头疼，大量的数据都需要通过 Excel 导出来进行计算，一个数据在很多表里都存在，因此需要逐条对应，工作量很大。现在，BI 系统整理好某个货品的所有数据是 1 秒就可以搞定的事情。"

> 善守者藏于九地之下，善攻者动于九天之上，故能自保而全胜也。
>
> 摘自《孙子兵法》军形第四

2.7 上货管理

2.7.1 换季上货

换季上货是服装营销的常态性工作。新形象、新产品、新推广是换季上货的工作目标，也是品牌参与市场竞争的直接体现。根据附表3中外节假日一览表，经营者结合各处品牌的生产波段，有计划、分步骤地推进此项工作。

特别提醒的是，实施品牌区域整体换季上货，能有效提升品牌市场影响力。它是品牌管理水平高低的衡量尺度。为了做好这一工作，换季前的组织准备尤其重要。一般需提前2~4周。

2.7.2 促销上货

由于服装是一个受天气影响较大的行业，即使前期的商品企划做到十全十美，也仍需时刻关注天气变化，从而对上货时间、数量和促销活动作相应调整。假如公司参考往年冬季的销售量，预计2012年冬天4个周期可卖出80件大衣和60件毛衫，每周期分别卖出20件大衣和15件毛衫。但由于2012年是暖冬，两周期过后大衣只售出20件而毛衫却所剩无几。此时，就须对原计划作出相应的调整。

首先，可以肯定的是促销必须在当年进行，否则来年只能以更低的价格出售。其次，则需考虑如何对剩下的大衣进行促销，否则过了销售周期再打折促销也于事无补。同时，还应考虑对毛衫进行紧急调拨、补单，反应速度一定要快，因为生命周期中还要减掉工厂制作的时间（一般控制在3周以内），以免影响销售。若补货不及时，则会错过最佳销售时期。

2.7.3 活动上货

为了配合新进市场、品牌庆典、换季促销、消费互动等需求，服装品牌实施活动上货。活动上货的规模一般视预算而定，场地选择可以在室内，如店内或购物中心大堂，也可以在户外，如步行街或街区广场，原则是一定要办在商业旺市。在形式上，以活动为主，走秀、讲座、展览、派送、积分等，丰富多样的活动以营造热销景象。在时间上，宜安排在节假日或双休日。

注释：

[9] 菲利普·科特勒. 营销管理 [M]. 上海：上海人民出版社,2009.

[10] 单品. 百度百科 .http://baike.baidu.com/link?url=xNxmQV2lFb7ovyd7Zi_LxIDV-6A_O-r0BPSRFeXGUU6dXVhGPciKSMFXeLryv1unq8VBJ9HBbNC08iWPaVoiVK.

[11] 肯特. 什么是零售 [M]. 爱丁等，译. 北京：电子工业出版社,2004.

[12] 菲利普·科特勒. 营销管理—分析、计划、执行和控制 [M]. 上海：上海人民出版社,2009.

[14] 刘晓刚，李峻，曹霄洁. 品牌服装运作 [M]. 上海：东华大学出版社,2007.

[15] 菲利普·科特勒. 营销管理 [M]. 上海：上海人民出版社,2009.

[16] 杨以雄. 服装市场营销 [M]. 上海：东华大学出版社,2010.

[17] 杨以雄. 服装市场营销 [M]. 上海：东华大学出版社,2010.

[18] 季晓芬. 现代服装企业生产管理 [M]. 杭州：浙江大学出版社,2005.

[19] 杨以雄. 服装生产管理 [M]. 上海：东华大学出版社,2009.

[20] 杨以雄. 服装市场营销 [M]. 上海：东华大学出版社,2010.

[21] 威廉·阿伦斯. 当代广告学 [M]. 北京：人民邮电出版社,2010.

[22] 杨以雄. 服装生产管理 [M]. 上海：东华大学出版社,2009.

[23] 菲利普·科特勒. 营销管理 [M]. 上海：上海人民出版社,2009.

[24] 菲利普·科特勒. 营销管理 [M]. 上海：上海人民出版社,2009.

[25] 桑德拉·J·凯瑟，麦尔娜·B·加纳. 美国成衣设计与市场营销完全教程 [M]. 上海：上海人民美术出版社,2009.

[26] 桑德拉·J·凯瑟，麦尔娜·B·加纳. 美国成衣设计与市场营销完全教程 [M]. 上海：上海人民美术出版社,2009.

[27] 桑德拉·J·凯瑟，麦尔娜·B·加纳. 美国成衣设计与市场营销完全教程 [M]. 上海：上海人民美术出版社,2009.

第三篇

价格攻略篇

现在，我们进入了一个新的学习阶段——价格攻略篇。

价格是一种经济现象，也是一种文化现象。价格的高低反映了品牌的定位和经营的理念。虽说价格作为一串串数据符号，非常枯燥乏味，但却无法回避。让我们聚精会神学好这一篇吧。

MARY 对价格的解读

在市场营销中，价格是最现实的。价格既没有情感，也没有偏见。不管市场如何演变，价格始终以客观公正的数据呈现。优秀经营者也拥有这样的品质——排除个人情感，以消费者为导向。在各种产品线之间，价格体系如同风箱，虽为数字符号，却深刻反映了企业的品牌声誉、产品品质和供求关系等价值尺度。另外，在价格政策上，频繁变动价格体系会影响品牌的形象，引发顾客的反感。坚守价格的稳定是正确的经营之道。

天地不仁，以万物为刍狗；圣人不仁，以百姓为刍狗。天地之间，其犹橐龠乎？虚而不屈，动而俞出。多闻数穷，不若守于中。

——摘自《道德经》第五章

　　[译文]：天地是无所谓仁慈的，它没有仁爱，对待万事万物就像对待刍狗一样，任凭万物自生自灭。圣人也是没有仁爱的，也同样像刍狗那样对待百姓，任凭人们自作自息。天地之间，岂不像个风箱一样吗？它空虚而不枯竭，越鼓动风就越多，生生不息。政令繁多反而更加使人困惑，更行不通，不如保持虚静。

定位

定位指的是市场中一个公司、一种产品／服务所享有的相对于在该市场中其他公司、产品／服务的位置。公司定位一般是建立在价格、质量及日益强调的服务定位组合的基础之上[28]。

成本

企业为购买投入所支付的货币量称为总成本[29]。

成本指的是分摊到每件服装上生产所消耗的资金，包括原材料、劳动力、服装制造以及一个公司的常规支出等多方面的费用[30]。

定价

产品的价格就是消费者为获得某样产品而在交易中支付的金钱。制定一个明智的价格需要考虑到 4 个方面的因素。尽管服装本身的成本要重点考虑，但产品开发人员还必须在其他更多的领域投入资金。另外 3 个要考虑的因素是：在成本的基础上加价时必须保证一定的利润率、完全了解目标消费者以及了解竞争对手的价格和惯例[31]。

价格带

服装价格带是指品牌及大类品种的价格幅度，即由品牌及大类品种的价格下限与价格上限所构成的范围[32]。

促销

促销是服装营销中常用的一种工具。促销有广义与狭义之分，广义的促销包括广告、销售促进、公共关系和人员销售；狭义的促销指各种用以刺激消费者和零售商较迅速或较大量地购买某一服装品牌产品的短期性工具[33]。

批发折扣

从制造商的角度来看，所谓批发折扣就是在初步确定的零售价或标价上减去一定的百分比，以使零售商获得实际的购买价（或者成为批发价）[34]。

3.1 产品定价策略

3.1.1 价格定位与品牌定位

服装品牌公司的产品定价主要参考自身的产品定位和销售渠道这两个因素。倍率是用来衡量产品定价的主要指标，倍率＝售价／成本价。假设某款服装成本价为 100 元，倍率设为 3，即售价为 300 元。在同一品类下，产品的倍率也会有所差别。大众休闲品牌所定倍率较低（3 至 4 倍），如美特斯邦威、森马；快速时尚品牌所定倍率中等（5 至 6 倍），如 ZARA、H&M；国内高端精品所定倍率最高（7 倍以上），如沙驰，其倍率均在 7 倍以上，最高可至 16 倍。总结倍率与品牌定位的关系：定位越高，倍率越高；定位越低，倍率越低。

男装品牌所定倍率普遍较高，与高端精品倍率相当。国际一线品牌的倍率高于国内高端精品，奢侈品的价格更无法以常规的倍率来推算。比如，售价一万多元的 Prada 尼龙包，其尼龙面料成本大概只有 12 元／米，总成本也是很低。正是因为奢侈品的品牌效应和流行度才使得 Prada 把一个便宜包卖到了天价。

其次，销售渠道也是决定产品倍率的主要因素之一。例如美特斯邦威主要销售渠道是街边店，沙驰主要销售渠道是商场，因此两者的价格倍率相差很大。而且商场等级不同，商场对品牌的扣点不同，价格倍率也会受到影响。总结其规律：渠道成本越高，倍率越高；商场等级越高，倍率越高。

此外，市场策略、出货折扣、退换货率、道具支持这些因素也影响着产品的定价。比如，公司给某店铺货品 1000 件／年、道具成本 10 万／年，那么可将道具成本分摊到每一件衣服上。在此基础上，还要将各种推广费用分摊下去。

案例 3-1 Armani、GAP 和 H&M

女士的黑色 T 恤看起来看很普通。实际上，Armani、GAP 以及瑞典的平价服装 H&M 所售的黑色 T 恤也没有很大的区别。然而 Armani 的一件黑色 T 恤售价为 275 美元，而 GAP 和 H&M 的却分别只有 14.9 美元和 7.9 美元。Armani 的 T 恤含 70% 尼龙、25% 涤纶和 5% 的蛋白纤维，而 GAP 和 H&M 的 T 恤则是全棉的。确实，Armani 的 T 恤比较时尚，还带有一个"产自意大利"的标签，但是，这怎么值 275 美元呢？作为一奢侈品，Armani 因价格高达数千元的套装、手袋和晚礼服出名，在这种情况下，它的 T 恤不可能只卖 15 美元甚至 100 美元。而且由于没有很多人会买 275 美元的 T 恤，所以 Armani 生产的很少，这又进一步吸引了那些希望拥有限量版 T 恤以彰显其身份的人。"价值不仅仅取决于质量、功能、效用和分销渠道"，库尔特·萨蒙（Kurt Salmon）协会零售策略部经理、萨克斯第五大道（Saks Fifth Avenue）百货店前首席执行官阿诺德·艾罗森（Arnold Aronson）说，"它还取决于消费者对一个品牌奢侈内涵的看法"。

3.1.2 订货折扣

公司的运营模式有两种：直营和加盟。加盟商从公司采购货品的价格为产品吊牌价乘以订货折扣。加盟店在商场中的费用，包括营业员工资和所有营运费用，全部由加盟商负责。公司提供装修方案，以确保店铺形象与公司直营店统一，但费用由加盟商承担。

加盟商订货分为订期货和订现货两种形式。期货是在订货会时所订产品，订现货是对畅销款的补单。现货的订货折扣相比期货会有所提高。

加盟商的换货形式主要有两种，按金额换货和按货品换货。按金额换货为加盟商按自身货品总金额的百分比来调换一部分的货品；按货品换货为加盟商按自身货品总数量的百分比来调换一部分的货品。一般来说，货品换货只能换取同一品类的货品。

案例 3-2：S 品牌给加盟商的订货折扣

在 S 品牌，加盟商定旧货主要有 2 种形式：买断式与部分买断式。买断式折扣率可能低至 2.5 折，但不能退货；部分买断式一般用于加盟商举行店庆等促销活动。由于使用新品会影响品牌形象，且利润率低，所以多采用旧货进行铺货。定旧货需提前 2 周向公司总部预定，部分买断式折扣比买断式高，可能为 3 折，但促销剩下的货品可退还给公司。

S 品牌加盟商换货的主要形式为按货品换货——"大货换大货"，即只能大批量换货，单件或者小批量换货是不允许的，换货率控制在 20%。如果达到公司的订货金额指标，可以降为 3.3 的折扣换货。

3.1.3 淡季

国际时尚流行分春夏和秋冬两季。这是 100 多年来国际时尚界的铁的规律。所有按此规律组织货品的服装品牌，均面临换季所造成的销售淡季或旺季。因此，为了克服淡季对销售的影响，许多品牌经营者加大了产品波段的开发和投入。

女装品牌的规划 6~8 个产品波段，即每个波段平均间隔 1.5~2 月。

男装品牌的规划 4~6 个产品波段，即每个波段平均间隔 2~3 月。

当然，决定品牌淡季的最重要因素有二：一是产品本身，二是促销活动。处于淡季时，一定是产品缺乏适时竞争，此时应考虑从营销上做文章。

准确预测流行趋势，特别是流行元素，做强每个产品波段应该是经营者的重中之重。

淡季时，产品定价很重要。通常的做法是：实施低价策略。当然，有些品牌则反其道而行之，有时也会收到不错的效果。关键要视具体款式、货量和市场而定。

此外，淡季组织员工业务培训、专题研讨和交流互动等，也是许多品牌营销活动的惯例。

3.1.4 旺季

旺季是最令人兴奋的时节。所有人都为收获而忙碌。其中，旺季定价要区别于淡季。通常的做法是：实施中高价策略。不过，对那些销量大的热销款，则要通过定价来充分保证对同类产品的竞争优势。

3.2 三大类产品定价原则

市场上，不同的品牌有不同的货品倍率，由此形成了不同的价格带，这样可使价格组合丰富，覆盖的消费人群更加宽泛。

品牌创建之初策划好货品价格带，即价格定位。但随着品牌的发展与成长，公司会对原先的价格带进行调整，因为，预期设想与消费者的实际消费水平有差别，其差别是随着品牌的运行而不断进行调整。品牌从高价位走向低价位容易，反之则会很困难。

设计师进行服装产品研发时，面料采购以设定的产品价格为依据。通常进口面料价格高，若采用进口面料，会降低价格倍率，防止货品价格过高；若采用国产面料，价格倍率相对较高。如某款衬衫吊牌价定为 700 元，价格倍率为 7，那么设计师会根据 100 元左右的生产成本选用衬衫面辅料。如果货品吊牌价超过公司设定的价格带范围，则不会考虑批量生产，因此，设计师需要根据货品吊牌价来倒推面辅料成本。

3.2.1 基本款

基本款，也称常规款或者跑量款，例如衬衫、牛仔裤等。基本款价位反映了核心价格带，核心价格带代表了品牌风格与定位。因此，基本款的价格定位应适中，若 T 恤平均价格为 1 200 元，则表明该服装品牌定位为中高端。

3.2.2 形象款

形象款流行度、时尚度较高，也可称为海报款，数量占比在 10% 到 15% 之间。形象款可以提升品牌形象，因此，价格定位偏高，主要针对购买实力强或是追求时尚的消费者（图 3-1）。

3.2.3 促销款

促销款也可称为引流款，其价格定位偏低，目的是吸引消费者购买。促销款的数量不可太多，否则会降低品牌档次，一般数量占比在 15% 到 20% 之间。

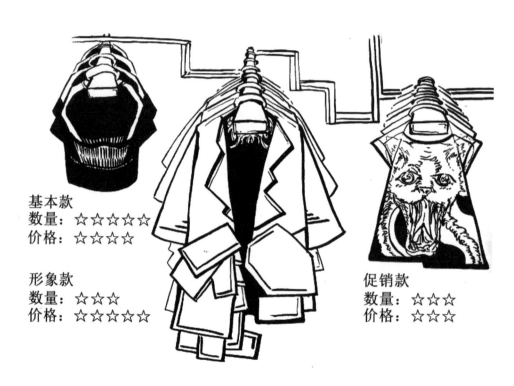

基本款
数量：☆☆☆☆☆
价格：☆☆☆☆

形象款
数量：☆☆☆
价格：☆☆☆☆☆

促销款
数量：☆☆☆
价格：☆☆☆

图 3-1 三大类产品占比

故用兵之法，十则围之，五则攻之，倍则分之，敌则能战之，少则能逃之，不若则能避之。故小敌之坚，大敌之擒也。

摘自《孙子兵法》谋攻第三

3.3货品品类价格带

服装品牌的系列货品由各个品类构成，每个品类下有多个款式，每个款式又有色与码的构成。

不同品类的货品，其数量各不相同，因此，就有了品类占比。品类占比＝某品类的货品数量／总货品数量×100%。

从货品品类的角度看价格带，一方面价格的高低取决于货品的成本，成本高，则价格高；另一方面价格的高低取决于货品的类别归属，即基本款、形象款与促销款，基本款适中，形象款偏高，促销款偏低。此外，品类占比大的品类，其价格带的范围可适当放宽。

故善攻者，敌不知其所守；善守者，敌不知其所攻。

摘自《孙子兵法》虚实第六

3.4 单品定价技巧

3.4.1 主力单品的定价技巧

每一个品牌都有自己的产品核心竞争力——主力单品。构成服装品牌主力单品的特征包括：①款式基本；②配色大众；③面料常规；④量大常销；⑤定价精准。

所谓主力单品的"定价精准"，就是要综合考虑市场同类产品价格、品牌发展战略目标和单品直接成本构成等各方面因素。精细测算单品的不同定价所实现的"单件销售利润"与"批量销售利润"之间的关系表，以确保市场竞争优势为第一要务，来最终确定主力单品的价格。

3.4.2 特殊单品的定价技巧

在实际经营中，有些款式单品因面辅料供给、款式设计、流行热点和制作工艺等种种原因，客观造成这类单品的在产品定价中具有一定的特殊性。为此，我们必须给予足够的重视。按价格分类，这类特殊单品可分为两类：①高定价单品；②低定价单品。

1）高定价单品

在实战中，进行单品的高定价一般符合两大条件：①整体的样式适合高定价，其中款式、面料和做工等方面均有超值特征；②有限的单品生产面辅料，客观造成市场供应的紧缺。

通常，比正常定价高出 20%~50% 的，均可以视作为高定价。

2）低定价单品

相对于高定价单品，考虑低定价单品的因素有：①款式面辅料的采用成本低，且供应量有足够保证；②单品款式风格合适较广泛的消费群体；③单品的批量利润符合品牌年度或季度经营目标。

3.5 品牌的价格管控

品牌的价格管控原则有以下两点：

（1）根据公司制定的全年销售指标、利润指标等各方面财务指标综合设定。

（2）根据消费者的接受度。目标消费群体所能接受的价格区间决定了公司货品的价格范围。

总的来说，价格管控主要还是考虑品牌定位、利润指标等因素（图3-2）。

图 3-2　价格管控

案例 3-3：S 品牌定价小组

在 S 品牌，产品定价不是由设计师或者某个部门单方面决定，而是由定价小组决定。

一般来说，定价小组由 4 至 6 人组成，包括 1 至 2 名优秀店长、1 名生产部代表（专门负责成本预算）、1 名营销部代表、1 名商品部代表、还有 1 名设计师代表。首先，他们必须分析研究各种销售报表、同期售卖价格带、产品性价比；其次，他们还需分析市场竞争环境；再次分析当季产品开发成本；最后，还需考虑产品价格带是否需要调整。例如终端会反应哪款产品定价过高，哪款产品定价过低。只有对这些分析研究之后才能对下一季产品进行定价，这样定出的价格才是最合理的。

注释：

[28] 迈克尔·J·贝克. 市场营销百科 [M]. 沈阳：辽宁教育出版社 ,1998.

[29] 曼昆. 经济学原理 [M]. 北京：北京大学出版社 ,1999.

[30] 桑德拉·J·凯瑟，麦尔娜·B·加纳. 美国成衣设计与市场营销完全教程[M]. 上海：上海人民美术出版社 ,2009.

[31] 桑德拉·J·凯瑟，麦尔娜·B·加纳. 美国成衣设计与市场营销完全教程[M]. 上海：上海人民美术出版社 ,2009.

[32] 蒋智威等. 服装营销——结构与工具 [M]. 上海：中国纺织大学出版社 ,2000.

[33] 万艳敏等. 服装营销——战略、设计、运作[M].上海：中国纺织大学出版社 ,2001.

[34] 桑德拉·J·凯瑟，麦尔娜·B·加纳. 美国成衣设计与市场营销完全教程[M]. 上海：上海人民美术出版社 ,2009.

第四篇

渠道攻略篇

营销渠道是实现销售的路径和平台。作为品牌战略的最重要结构布局，全方位地认识零售业态、区域市场、店铺选址、空间设计和客户管理等内容是何等的重要。学好渠道攻略篇，虽不能做到"先知先觉"，但一定可以做到少犯错误。用宝贵的渠道攻略知识点，明辨现实经营的种种"陷阱"。

学好"渠道攻略篇"一定会使你信心百倍！

MARY 对渠道的解读

营销是一门艺术。产品开发要与专长相配，不可过泛、过量；市场拓展不可攻势过猛，易阻碍其可持续发展；店铺装修避免过度讲究，影响顾客光临。做好供应链管理，要坚守 5R 原则（即适时、适质、适量、适价、适地），符合市场营销规律。

持而盈之，不如其已；揣而锐之，不可长保。金玉满堂，莫之能守；富贵而骄，自遗其咎。功成身退，天之道也。

——摘自《道德经》第九章

[译文]：执持盈满，不如适时停止；显露锋芒，锐势难以保持长久。金玉满堂，无法守藏；如果富贵到了骄横的程度，那是自己留下了祸根。一件事情做得圆满了，就要含藏收敛，这是符合自然规律的道理。

营销渠道

大多数生产者并不是将其产品直接出售给最终顾客，因为在生产者和最终顾客之间有一系列的营销中间机构执行着不同的功能。这些中介机构组成了营销渠道（Marketing Channel）（也称贸易渠道或分销渠道）。一般来说，营销渠道是促使产品或服务顺利地被使用或消费的一整套相互依存的组织。它们是一个产品或服务在生产以后经过的一系列途径，从而使产品或服务经过销售到达最终使用者手中[35]。

渠道长度

渠道长度指产品分销所经中间环节的多少及渠道层级的多少。如果产品从制造商直接到达客户，我们就称其为较短的渠道，最短的渠道是不经过中间环节的渠道。如果产品要经过代理商、批发商、零售商等多种环节才能到达客户，我们就称其为较长的渠道。企业有时通过兼并处于另一渠道层次的公司来缩短其渠道的长度[36]。

渠道宽度

渠道宽度是指企业在某一市场上并列地使用多少个中间商。窄渠道中，制造商或服务商通过极少数批发商或零售商进行销售；而在宽渠道中，则通过众多的批发商或零售商进行销售[37]。

渠道战略联盟

在渠道管理中的合作和战略联盟指的是在制造商和重要的渠道成员之间紧密关系的建立，目的在于创造共同优势和协调作用。和传统的松散型联合相比，合作和战略联盟将制造商和渠道成员更为正式和紧密地联系起来，并且亦明确了所有参加方的共同愿望[38]。

4.1服装市场结构

4.1.1 服装零售业态

市场结构是指某一市场中各种要素之间的内在联系及其特征,包括市场供给者之间、需求者之间、供给和需求者之间的关系。

服装品牌经营者在明确品牌定位与产品定位的基础上,要清楚地认识市场结构及业态分类特征,这样才有助于选取合适的市场渠道。

零售业态是指零售企业为满足不同消费需求而形成的经营形态。它是动态的、发展的概念,针对消费者的特殊需求,按照一定的战略目标,有选择地运用商品经营结构、店铺位置、店铺规模、店铺形态、价格政策、销售方式、销售服务等经营手段,提供销售和服务的类型化服务形态。

零售业态总体上分为有店铺零售和无店铺零售两类。具体再分类为食杂店、便利店、折扣店、超市、大型超市、仓储会员店、百货店、专业店、专卖店、家居建材店、购物中心、厂家直销中心、电视购物、邮购、网上商店、自动售货亭、电话购物17种业态。

服装零售业态最为常见的有百货店、购物中心、专卖店和厂家直销中心(奥特莱斯)(表4-1)。

百货店是有分层的,有流行百货、精品百货和社区百货,不同层面的百货店满足了消费者对时尚商品多样化的需求与选择。传统百货店主要针对的是家庭型消费,由于受到新兴零售业态的冲击,百货店进入调整和转型期,鉴于中国经济发展阶段和历史原因,百货业仍将在相当长的时期内继续保持零售市场的主要业态地位。大型百货店优雅的购物环境、良好的信誉、错落有致的布局及出色的顾客体验,往往是追求品质的知名服装品牌理想的销售场所。

购物中心可细分为时尚购物中心、高端购物中心，其显著特征是规模大、功能全，以大型零售业为主体，众多专业店为辅助业态，并有多功能商业服务设施配套，集购物、餐饮、休闲、娱乐、旅游、金融、文化等于一体。购物中心主要针对时尚、潮流、现代的消费人群，包括高端白领。时尚购物中心如万达广场，它以年轻、潮流为主，具备该年龄层面比较喜欢的品牌，如 only、veromoda、GXG、DKNY 等；高端购物中心如恒隆广场，有 LV、PRADA、CHANEL 等高端品牌。

专卖店分为品类专卖店和品牌专卖店两大类，前者经营某一细分品类的产品，后者经营某一服装品牌的产品。服装专卖店一方面朝着大型化旗舰店发展，另一方面当品牌的形象塑造完成后，又会朝着进一步的细分化方向发展，"主题专卖"将成为未来专卖店发展方向之一。专卖店有特定的目标客户群，这些都称为目标导向的购买者。

厂家直销中心（奥特莱斯）以价格取胜，目标消费者购买的主要原因是其价格的绝对优势。随着服装品牌经营的深化，库存问题必须妥善解决，奥特莱斯就是很好的去处（图 4-1）。

图 4-1　奥特莱斯

表 4-1 各种零售业态的比较

业态	价格与品质	业种	经营业态	目标消费者	专业性	便利性	廉价性
百货店	中－高	综合店	单店经营、连锁经营	家庭消费者	√		
购物中心	全价位	综合店	单店经营、连锁经营	潮流追随者		√	
专卖店	全价位、特定价位	无特定	无特定	目标导向购买者	√	√	
奥特莱斯	低－中	综合店	单店经营、连锁经营	价格主导者			√

4.1.2 服装市场发展的四个阶段

从市场供求关系变化的角度考察中国服装市场，可将其发展历程划分为四个阶段，分别为供小于求阶段、供等于求阶段、供大于求阶段和品牌个性化阶段。具体阐述如下。

1）供小于求阶段——20 世纪 60 年代到 80 年代

1955 年，全国第一套粮票正式流通，拉开了中国长达 38 年之久的"票证经济"的帷幕。粮票又发展成布票、棉花票、肥皂票、手表票、缝纫机票等。那时物资相对匮乏，整个服装行业供小于求。在 1983 年 12 月 1 日宣布不再使用布票之后，中国才基本满足纺织品的自我需求。

2）供等于求阶段——20 世纪 90 年代到 21 世纪初

20 世纪 90 年代，随着中国经济的复苏，服装行业诞生了"利郎""七匹狼""江南布衣""李宁"等品牌，广州等批发市场的生意也特别红火。同时，国际品牌开始登陆中国市场，最早出现的有 Louis Vuitton（路易·威登）、Ermenegildo Zegna（杰尼亚）、Dunhill（登喜路）、DuPont（都彭）等品牌。当时，拥有一根 Dunhill 的皮带是富裕的象征，拥有一只 Dupont（都彭）打火机是暴发户的标配。这便开启了供等于求的时代（表 4-2、表 4-3）。

表 4-2 20 世纪 90 年代中国创立的服装品牌举例

品牌	利郎	七匹狼	江南布衣	安踏	报喜鸟	庄吉
创立时间	1990 年	1990 年	1994 年	1994 年	1996 年	1996 年

表 4-3　20 世纪 90 年代入驻中国市场的奢侈品品牌

品牌	入驻时间	入驻地点	品牌	入驻时间	入驻地点
Cartier（卡地亚）	1990 年	上海	Hugo Boss（雨果·博斯）	1994 年	未知
Zegna（杰尼亚））	1991 年	北京	Gucci（古驰）	1996 年	未知
Louis Vuitton（路易·威登）	1992 年	北京	Dior（迪奥）	1997 年	北京
Burberry（博柏利）	1993 年	北京	Hermes（爱马仕）	1997 年	北京
Chanel（香奈儿）	1993 年	上海	Giorgio Armani（乔治·阿玛尼）	1998 年	北京

3）供大于求阶段——2001 年至 2012 年

这十年中，中国服装品牌的数量爆炸性增长，不仅导致各品牌之间竞争激烈，还使服装产量急剧上升。同时，国际服装品牌开始踊跃进驻中国市场，Louis Vuitton 与 GUCCI 被所有商场宠爱，消费者竞相购买，表现出对名牌产品疯狂的购买欲望。世界奢侈品协会发布数据显示，2010 年中国内地奢侈品市场消费总额高达 107 亿美元（不含私人飞机、游艇和豪华车），成为仅次于日本的全球第二大奢侈品消费国。市场繁荣的背后，库存问题困扰着许多服装品牌管理者，这是一个典型的供大于求的时代。

4）品牌个性化阶段——2013 年以后

消费者的理性与成熟催生了品牌个性化的年代。LVMH 等大型奢侈品集团一致表示将重新调整在中国市场的发展规划，减少开店速度，将重心转移到提升现有店铺的产品质量和服务上。2013 年，随着中国政府反腐力度的加强以及消费的不断成熟，中国的奢侈品市场开始发生变化，奢侈品中如手表、皮制品等政府官员一贯喜爱的送礼佳品销量受到很大影响。此外，随着中国旅游业的不断发展，越来越多的消费者在价格因素的驱动下，倾向于去国外市场选购奢侈品。服装品牌经营者需要更多地关注顾客体验感和提高服务意识，在产品上更需要独特的竞争优势。

4.1.3 金三角与银三角

中国服装零售的十个重要城市：北京、天津、沈阳、上海、南京、重庆、武汉、西安、深圳、广州。

金三角的构成：

(1) 以上海为中心的上海地区，核心城市：南京。

(2) 以北京为中心的北京地区，核心城市：天津。

(3) 以成都为中心的成都地区，核心城市：重庆。

如果要开展全国品牌营销活动，首先要占领金三角地区，建议这三大地区运用直营。

银三角指的是武汉、西安、沈阳。

中国主要的零售市场是西安水平线到武汉两河之间。以广州为中心至上海是黄金海岸，是流行信息的发源地。

但是广州地区有一定的特殊性，主要表现在：

(1) 以批发为主体的服装市场。

(2) 服装生产加工的基地。

(3) 非典型的春夏秋冬气候。

故不知诸侯之谋者，不能豫交；不知山林、险阻、沮泽之形者，不能行军；不用乡导者，不能得地利。故兵以诈立，以利动，以分和为变者也。故其疾如风，其徐如林，侵掠如火，不动如山，难知如阴，动如雷震。掠乡分众，廓地分利，悬权而动。先知迂直之计者胜，此军争之法也。

摘自《孙子兵法》军争第七

4.2营销渠道的设计

营销渠道的设计包括渠道长度、渠道宽度两项内容。

服装品牌营销渠道的长度，常见的有：零级渠道、一级渠道、二级渠道、三级渠道和四级渠道（例如全国代理——省加盟商——地区加盟商——终端加盟商）。零级渠道即为直营渠道；一级渠道包括一个渠道中间商，如服装企业直接发展的加盟商；二级渠道包括两个渠道中间商，如省级加盟商与市级加盟商；三级渠道则包括三个渠道中间商。

一般服装品牌会选择两个层级的渠道结构，如既有直营渠道，又有中间渠道。此种渠道模式下，企业可以通过两条渠道向同一市场销售产品，一方面可以增加市场覆盖率，另一方面可以降低经营成本。

服装品牌营销渠道的宽度，即区域市场中间商的数量，一般根据品牌定位、经营产品的特点而确定。一般服装品牌在一定地区、一定时间内只选择一家中间商授予其独家经营权。这样的渠道宽度设计可提高中间商的经营积极性，并强化其责任心，为了弥补市场覆盖面相对较窄的缺陷，有些品牌则允许其发展二级中间商。

4.3 中间商类型

4.3.1 代理商

代理是品牌公司给予代理商一定的佣金额度的经营行为。代理商替品牌公司打理生意，而非买断其产品，所代理产品的所有权属于品牌公司，而不是属于代理商。代理商需承担库存风险和道具风险。

> **案例 4-1：S 品牌温州代理商**
>
> S 品牌的温州市场主要由代理商负责。这个代理商懂投资，有渠道资源，却不懂如何管理服装品牌。他没有系统性的管理流程，如每天巡店、与导购交流、员工培训、用一些绩效机制去达成业绩指标等。因此，此温州代理商输在管理上，不仅投资得不到回报，同时也对品牌产生了巨大杀伤力。

4.3.2 联营商

联营商与品牌公司各承担一半的费用，如装修和大型巡展的费用。联营商没有任何库存风险，所有风险都由品牌公司承担。

> **案例 4-2：S 品牌厦门联营商**
>
> S 品牌在厦门市场的店铺主要由联营商负责。这是一个具有深厚企业文化的公司，公司约 500 人，除了 S 品牌也代理其他品牌，有一套自己的管理模式。第一、员工定期进行拓展训练、参加企业培训以及其他各种培训；第二、创造温馨、舒适的办公环境，用办公环境留住员工；第三、弘扬佛教文化，公司内设有佛堂，带给员工信心和希望。
>
> 企业的成功离不开成功的管理者，而厦门联营商的成功有以下几点：首先，管理者充满正能量，懂得与人分享，分享的同时也让自己收获了更多。其次，管理者懂得在零售行业如何进行品牌推广。最后，管理者将《爱在我们心中》这首歌作为公司的主题歌，传递爱和感恩之心。
>
> 除服装外，厦门公司也代理一款新西兰蜂蜜。并通过独特的促销方式为产品打开市场。①邀请 VIP 参加公司的走秀活动，在每位 VIP 的桌前摆上一杯柠檬蜂蜜水，并在旁边配上新西兰蜂蜜的介绍。②在柜台入驻商场前，公司会给商场合作伙伴赠送一套新西兰蜂蜜，并介绍此蜂蜜具有"加快新陈代谢，调理体质，使人容光焕发"的功效。待他们品尝之后，觉得此蜂蜜确实很好，便会给其设立专柜。这种"与人分享"的促销方式让这款产品迅速在市场上拓展开来。

4.3.3 托管商

托管是指品牌公司把部分管理职权委托给特定个人或者机构代为管理的经营形式，如今已成为服装渠道创新和渠道外包的重要方式。托管商不承担经营风险。

> **案例 4-3：S 品牌杭州托管商**
>
> S 品牌在杭州市场的店铺是以托管为主。这个托管商是一个甩手掌柜，他有渠道资源，将品牌入驻银泰百货和杭州大厦，并且在商场获得较好位置。虽然他解决了渠道问题，但却不懂得经营管理。店铺总是会出现管理脱节的问题，不能及时与总公司下达的服务标准、培训标准、陈列标准同步。这样很容易导致品牌产生问题。

4.3.4 加盟商

营销渠道的选择，可以是直营，也可以是加盟。在服装市场发展的不同阶段，服装品牌经营者的渠道选择有所不同。

在服装品牌发展初期，加盟的好处在于迅速拓展渠道规模，加盟商与品牌经营者共担风险；在服装品牌发展至成熟期时，品牌公司对曾经大力发展并精细化管理的加盟体系有了重新思考与定位，加盟商经营的规范性不能与品牌公司同步，进而损害品牌形象与市场口碑，停止拓展或降低加盟渠道比例将成为服装公司必须面对的问题，即"加盟商萎缩"。

4.4 关于品牌渠道的拓展速度

　　加快品牌渠道的拓展速度，实现品牌对市场的全覆盖。这是品牌经营者的发展理想。然而，渠道拓展的快与慢、多与少，牵涉到许许多多品牌内外部资源的保障和匹配。内部资源，如资金、产品、团队和管理等；外部资源，如市场、铺位、代理和文化等。美国企业连锁分店发展理想模式大致可以说明这一问题，参见表 4-4。从表 4-4 中，不难发现：品牌在不同阶段有不同的经营主题。主要包括：基础建设、大众化准备、系统构筑和组织转换。

表 4-4　美国企业连锁分店发展理想模式一览表

每一阶段发展合计店铺数（个）	每一阶段发展经过年数（年）	从创业开始经过年数（年）	分店一年平均纯增数（个）	经营管理主要课题
1	2	2		
2	1	3	0.6	基础建设
3	2	5		
5	1	6		
11	2	8	5.4	第一次大众化准备 第一次系统构筑
30	2	10		
50	2	12		
80	1	13	17.5	第一次组织转换 第二次系统构筑
100	1	14		
200	2	16	60	第二次真正大众化 第三次系统构筑
400	3	19		
500	2	21		
600	3	24	40	第二次组织转换 第四次系统构筑
700	1	25		

激水之疾，至于漂石者，势也；鸷鸟之疾，至于毁折者，节也。故善战者，其势险，其节短。势如扩弩，节如发机。纷纷纭纭，斗乱而不可乱；浑浑沌沌，形圆而不可败。乱生于治，怯生于勇，弱生于强。治乱，数也；勇怯，势也；强弱，形也。

摘自《孙子兵法》兵势第五

4.5实体店的渠道建设

4.5.1 旗舰店

"旗舰店"这一词语来源于欧美大城市品牌中心店的名称，其含义就是某品牌在某城市或地区的中心店。旗舰店一般是该品牌在该城市或地区的中心繁华地段所开设的同类产品最全、装修最豪华、店面规模最大的商店。因此，旗舰店的建设特别需要关注的就是选址、品牌形象、货品及服务。

4.5.2 专卖店

服装专卖店按经营形式可分为专门经营某一类服装的专卖店和专门经营某一品牌服装的专卖店。本书中服装专卖店指专门经营某一服装品牌的独立店铺，可以是沿街专卖店，也可以是设在百货公司或购物中心的店中店。

服装专卖店可以按其经营主体和经营规模分为两大类，并在两大类中再进行细分。第一，按专卖店的经营主体分为：经销商设置的专卖店和制造商自设的专卖店。第二，按专卖店的经营规模分为：单体专卖店和连锁形式的专卖店。

专卖店的规模往往比旗舰店小一些，建设要点则与旗舰店基本相同。

4.5.3 专柜

专柜指服装品牌以中岛或边厅的形式在百货公司或购物中心开设的专门经营某一服装品牌的终端销售形式。专柜建设的关注要点除了位置、面积,还有非常重要的一点就是和百货公司或购物中心管理方的沟通与协同,尽可能充分地利用管理方的经营资源与信息。

图 4-3　渠道建设

孙子曰：凡先处战地而待敌者佚，后处战地而趋战者劳。故善战者，致人而不致于人。能使敌人自至者，利之也；能使敌人不得至者，害之也。故敌佚能劳之，饱能饥之，安能动之。出其所必趋，趋其所不意。

摘自《孙子兵法》虚实第六

孙子曰：用兵之法，有散地，有轻地，有争地，有交地，有衢地，有重地，有泛地，有围地，有死地。诸侯自战其地者，为散地；入人之地不深者，为轻地；我得亦利，彼得亦利者，为争地；我可以往，彼可以来者，为交地；诸侯之地三属，先至而得天下众者，为衢地；入人之地深，背城邑多者，为重地；山林、险阻、沮泽，凡难行之道者，为泛地；所由入者隘，所从归者迂，彼寡可以击吾之众者，为围地；疾战则存，不疾战则亡者，为死地。是故散地则无战，轻地则无止，争地则无攻，交地则无绝，衢地则合交，重地则掠，泛地则行，围地则谋，死地则战。

摘自《孙子兵法》九地第十一

4.6 实体店的选址

4.6.1 街边店

街边店是服装品牌营销最为常见的经营业态。街边店是品牌外部最为重要的物理窗口。选择一个位置好、市口旺的街边店，是所有服装品牌经营者的首要目标。长期的品牌营销实践，总结了许多寻找理想街边店的有效方法和专业技巧。本书为服装品牌经营者提供一种经验口诀，参见表4-5。

表 4-5　街边店选址的经验口诀

编号	街边店外部	编号	街边店内部
1	店铺选址有方法	1	来客方向无遮挡
2	先外后内分步骤	2	去客方向有屏障
3	一考街道曲或直	3	店铺层高高为好
4	二看人流左或右	4	门槛踏步要平坦
5	三察沿街店家数	5	店面已宽不易窄
6	四量门前人行道	6	迎客设门没商量
7	五辨树牌是否挡	7	财源滚滚不可挡
8	外部环境重人气	8	营造关键靠明堂

4.6.2 店中店

有别于街边店，店中店则设置在大型的购物中心或百货公司内。相似的品牌、相似的定位被组织安排在同一个购物空间，供目标消费群体选择。由于购物中心或百货公司的建筑结构等原因，造成不同的位置给品牌销售带来完成不同的结果。通常的评判经验：四周的铺位优于中央的铺位。为了方便读者，本书为服装品牌经营者提供一种经验口诀，参见表 4-6。

表 4-6　店中店选址的经验口诀

编号	四周店中店	编号	中央店中店
1	百货购物有定位	1	中岛卖场变化多
2	进店设柜要合适	2	依柱设柜最常见
3	高价商品求品味	3	L 型卖场分四种
4	低价商品看人气	4	最佳位置主通道
5	边厅卖场选中间	5	左右两边视长宽
6	拐角过道选不得	6	阳多阴少第二选
7	梯口卖场宽过道	7	阴多阳少排第三
8	业绩稳定形象好	8	最差位置背通道

4.7 实体店的三大空间设计

4.7.1 货品空间

货品空间是实体店铺三大空间设计的核心，是直接进行商品销售活动的区域。货品空间由货架、展台、模特等与货品共同构成。

货架设计除了考虑货品展示与放置的实用性功能，还要与品牌的风格定位保持一致，品质感则与成本保持一致。

货品空间中陈列、展示的货品，要方便顾客的浏览与挑选，并诱使顾客产生购买的欲望。货品的密度则根据品牌价格定位的高低进行设计，高端品牌的货品密度低，大众品牌的货品密度高。

4.7.2 顾客空间

顾客空间是指顾客浏览与挑选服装的地方，包括店铺入口空间、通道、试衣间和休息区域等。

顾客空间中顾客行动轨迹的设计最为关键，方便顾客入店，方便顾客浏览，方便顾客触摸，方便顾客试衣。总之，让顾客舒舒服服地在店铺中逗留，让顾客在逗留的过程中产生购买欲望。

从货品空间与顾客空间的面积比例来看，高端品牌的该比例数值低于大众品牌的比例数值，以此营造高端舒适的氛围，而大众品牌则需要人气旺盛的感觉。

4.7.3 导购空间

　　导购空间是指服装导购接待顾客、销售服务所使用的作业空间。导购空间与顾客空间有重叠的部分，但也有独自使用的空间，如收银台。

　　导购空间是流动的，因此，导购对此空间的合理使用，有助于为顾客提供良好的服务。所谓的合理使用导购空间，一是指在顾客需要服务的时候恰到好处地出现在顾客身边，而不是时时尾随顾客；二是在该空间中提供专业化的销售服务、产品知识或搭配技巧等。

行千里而不劳者，行于无人之地也；攻而必取者，攻其所不守也。守而必固者，守其所必攻也。

摘自《孙子兵法》虚实第六

4.8 其他直销渠道

4.8.1 线上渠道

线上渠道是相对于线下渠道而言，线下渠道是指通过门店、实体店进行产品销售的渠道，线上渠道则是指通过网络进行的电子商务活动，由厂家直销的线上购买渠道。

对品牌公司而言，线上渠道有 B2B、B2C、O2O 这些常用的模式，可以选择在大型的公共网络平台上建立品牌旗舰店，也可以建立自己的官方网络购物平台（包括手机商城、APP 商城）。这些网络购物平台让消费者在浏览商品的同时进行实际购买，并且通过各种在线支付手段进行支付完成交易全过程。

从单一的线下渠道发展到线上线下并举的多渠道，以及未来的全渠道，即依赖各种信息传递路径而建立的相应零售渠道的总和，要求经营者进行各种渠道组合和整合策略的思考与决策，实现客流、商店流、信息流、资金流和物流的顺畅运行。

4.8.2 工厂店

工厂店从最初建在工厂原址发展到了进驻购物广场或购物中心，即消费者熟知的奥特莱斯。工厂店采用从工厂直接到消费者的直营销售模式，省略了批发商、代理等中间环节，这样消费者购买起来更加方便，也无需再为渠道的中间环节买单。

工厂店销售的货品有两类，一类是过季、断码的尾货，品牌方将此作为清理库存的有效渠道；另一类是专门为工厂店开发的当季产品。在品牌的感召下，吸引对价格敏感的消费者，实现买卖双方的共赢。

4.8.3 型录业务

"型录"就是我们常说的 "Catalog"，即目录、样册的意思，是直接与消费者接触的商业服务品目。

服装品牌的型录业务向消费者传递时尚流行、品牌文化等各种信息的同时，还能够传递品牌公司对消费者的具体关怀。其是消费者认识品牌、了解商品文化，并且与之直接互动的窗口。消费者通过型录了解商品并产生购买欲望，其可直接按型录提供的联络方式向供货者购买产品。

4.8.4 电视购物

电视购物以轻松便利的特性受到消费者的喜爱，特别是中老年女性消费者的青睐，看到电视中有自己喜欢的货品马上拨个电话，货品随后就送到家。电视购物自20世纪90年代出现以来，消费者感受其便利性的同时，也被电视购物的"诚信"问题所困扰。

电视购物从渠道特性的角度来看，有它服务的特定群体，消费者可以不会网络购物操作、可以直观的感受货品的使用效果、可以享受省略中间商的价格优惠。电视购物未来的发展必须解决好诚信、规范、便捷等一系列的管理问题。

4.9 大客户管理

在中国，经营者会面对一个重要而特殊的课题——大客户管理。所谓大客户，是指对企业的经营战略和经营业绩产生重大影响的客户群。这类客户群有时也称重点客户或关键客户。

必须认识到，不同发展阶段应该有不同类型或不同层次的大客户。

在发展初期，企业生存是经营的主题，因此有些能为企业生存带来直接经营业绩的可以就可以定义为"大客户"。但是，随着企业的发展和升级，这类"大客户"可能因为企业经营主题的变化而慢慢变成了"一般客户"。从"大客户"变成"一般客户"或"一般客户"变成了"大客户"的过程，企业管理的复杂性也随之产生。这种状况普遍存在于中国服装品牌企业之中。因此，在不同历史阶段，经营者如何进行有效甄别、精心挑选和特别服务，尤显重要。

通常而言，大客户可以分为两类：第一类为渠道客户，如省级代理商、重要百货公司或购物中心以及重要线上销售平台；第二类为消费客户，如VIP客户或团购客户。

制定大客户管理战略是十分重要的。依据企业发展战略，以下九大要素对编制大客户管理是必要的：①服装产品线和优势单品；②特色服务；③服装生产和控制；④供应链管理；⑤品牌文化；⑥企业使命；⑦目标市场和拓展；⑧店装形象；⑨经营指标和业绩考核。重点解决服装品牌大客户管理战略制定的四大问题：①谁是大客户？②大客户最想要的是什么？③如何管好大客户？④确保长期经营大客户的必备条件？

4.9.1 省级代理商

在服装零售业，品牌发展的最有效途径就是发展优质的省级代理商。广阔的市场空间为不同定位的品牌经营者提供了足够的战略纵深，参见表4-7。

表4-7　中国省、市、县、乡一览表

省级（34）		地级（332）		县级（2854）		乡级（40906）	
直辖市	4	地级市	282	市辖区	851	区公所	2
省会城市	23	地区	17	县级市	370	街道	6923
自治区首府	5	自治州	30	县	1461	镇	19410
特别行政区	2	盟	3	自治县	117	乡	13379
				旗	49	民族乡	1095
				自治旗	3	苏木	96
				特区	2	民族苏木	1

从表4-7中，我们发现：寻找各地省级代理商是品牌规模快速发展的重要前提。在市场资讯发达的今天，寻找方法和手段是成熟的，在此不一一表述。

不过，与省级代理商的合作，要关注两点：①加强以赢利为目的省级代理商的品牌文化监管；②避免省级代理商一家独大的品牌经营风险。

4.9.2 重要百货公司

在网上购物飞速发展的中国，各地重要百货公司或购物中心依然是最主要的消费形式。通过地面店的实体展示，实现线上线下互动营销，或将成为未来服装市场营销的最基本业态形式。

牢牢占据中国各地重要百货公司的销售铺位，是服装品牌进行市场结构布局的基本方略。有关中国重点商场、购物中心分布和中国奥特莱斯（OUTLETS）分布，参见附录1和附录2。

4.9.3 VIP 客户

VIP（Very Important Person）重要客户，V-VIP（Very-Very Important Person）非常重要的客户。

根据二八原理，企业80%的销售额是由VIP消费产生的。20世纪90年代顾客可选择的品牌范围小，对品牌忠诚度较高，因此企业较易维护VIP，顾客只需留存电话号码便可成为VIP。那时，顾客愿意成为品牌的VIP，并因此感觉自豪。如今，企业维护VIP难度越来越大，因为顾客的要求越来越高，品牌可选择范围广且个人信息保护意识增强，垃圾短信使顾客厌烦，因而，更多顾客拒绝办理VIP卡。企业需想出更多招数维护VIP，让VIP带动销售业绩。

> **案例4-4："粉丝就是钱"**
>
> 　　开淘宝店的朋友曾送我一句话："粉丝就是钱"。这是什么概念？即如果她的淘宝店每月粉丝数量不减——7万，那么每月固定收入有100万，只要对现有数量的粉丝进行良好维护，就可以保证每月有上百万的业绩。将"粉丝就是钱"的理念导入企业中，即为VIP就是业绩，让顾客成为企业的忠实VIP是每月销售业绩的保证，所以，建立并维护VIP非常重要。

　　企业要使VIP对品牌忠诚，首先产品定位需准确，如果产品质量、板型都不理想，顾客也不会选择购买。其次考虑产品在未来市场是否依然具有竞争力，即产品需有针对性群体。所以，产品定位清晰，找对目标人群，选择合适的位置，提升品牌影响力，顾客自然会购买。品牌定位成功之后，还要注重牢牢抓住VIP，因为现在的顾客品牌忠诚度低，稍不留神，他们便会转向其他品牌。

> **案例4-5：VIP细节服务**
>
> 　　通常的VIP管理制度多规定顾客消费满一定金额可获得相应的VIP卡（如金卡、钻石卡，黑金卡等），不同的VIP卡对应不同的优惠。但是，这种制度最后只会变成一种形式，即各类VIP都会打折，折扣类型由导购决定。这种服务会出现很大的问题，商品价格无法统一，会让VIP感觉品牌价格混乱，降低VIP对品牌的信誉度。VIP维护通常仅为"生日送鲜花"，即VIP可在生日当天到店铺领取一束鲜花，但VIP多数情况是不会去领取的。店员与VIP的互动形式过于单一，品牌容易流失VIP。
>
> 　　那么，该如何做好VIP的细节服务呢？
>
> 　　（1）员工要加强自身的素养和形象，要有品牌自豪感，这样店铺才能提升形象，为VIP带来第一步的视觉服务；
>
> 　　（2）与VIP积极互动，店员的热情服务会给VIP留下深刻的印象。最好能记住VIP的姓名，若VIP有朋友陪同，还要照顾好VIP的朋友；
>
> 　　（3）告诉VIP如何搭配，引导VIP去消费，深度挖掘VIP的潜能。若VIP购买很多商品时，还要做到送货上门的服务；
>
> 　　（4）对顾客要言而有信，VIP的优惠政策不能随意改变；

（5）导购不能吝啬自己的手机号码，当 VIP 不愿留下他的号码时，要主动递上名片或写给他们手机号。若获得 VIP 的邮箱地址，应定期发送邮件，为其提供流行趋势和服装搭配的内容，并附节假日祝福、天气变化和关注身体健康的温馨信息；

（6）在 VIP 购买衣服后的第 7 天，通过短信方式告诉 VIP 关于服装洗涤护理的小贴士，内容包括 VIP 所购买服装的面料、正确的洗涤方法及保养方式。这是一种服务意识，可让 VIP 感受品牌的存在，又不会觉得自己被打扰。若 VIP 急需洗涤方式，刚好收到此类信息，会感觉公司的贴心服务到位，那么他对品牌的忠诚度自然不会降低。

案例 4-6 S 品牌 VIP 维护策略

S 品牌 VIP 维护策略分为顾客接触策略和顾客挽回策略，具体内容如表 4-8 所示。

表 4-8 VIP 维护策略

顾客接触策略				
顾客细分		接触方式	接触策略	目的
顾客类型	离店后天数			
新顾客	0~7 天	2 短信	感谢短信、洗涤保养	加深品牌印象
	7~45 天	2 短信、2 邮件	新品介绍、到店有礼	培养进店习惯
	45~90 天	2 短信、1 邮件	日常关怀短信、定期回购优惠	回购刺激
	90~180 天	1 短信、1 邮件	专享 VIP 活动日	定向挽留
	180 天以上	1 短信	大促、大型优惠活动	停止日常接触
老顾客	0~7 天	2 短信	购物惊喜	服务质量保持
	7~45 天	1 短信、1 邮件	新品介绍、到店专享	培养进店习惯
	45~90 天	2 短信、2 邮件	日常关怀短信、定期回购优惠	回购刺激
	90~180 天	1 短信、1 邮件	专享 VIP 活动日	定向挽留
	180 天以上	1 短信	大促、大型优惠活动	活动激励

顾客挽回策略			
顾客细分		挽回方式	挽回策略
顾客类型	顾客类型		
休眠客户激活	90 天	1 短信、1 邮寄、1 电话	邀请函邮寄、到店领取现金券
	120 天	1 短信、1 邮寄	邀请函邮寄、到店领取现金券
	150 天	1 邮寄	邮寄现金券
	180 天	1 短信	大型促销活动通知
流失客流挽回	210 天	1 短信、1 电话、1 邮寄	爆款专享优惠、到店领取现金券
	240 天	1 电话、1 邮寄	爆款专享优惠、到店领取现金券
	270 天	1 电话	大型活动邀请
	300 天	1 电话	大型活动邀请

虽然大多数公司都很重视 VIP，但却没有掌握维护 VIP 的精髓。在中国，80% 的公司都不知道该如何维护 VIP。企业不会考虑哪类 VIP 需要赠送礼物，哪类 VIP 需要通过邮件联系，哪类 VIP 可以通过电话联系或者是添加微信好友。这些企业在建立 VIP 第一步时就应当考虑，通过顾客填写的信息，判断顾客类型。建立 VIP 的过程中一定要让顾客感觉舒适，懂得消费的人才更懂得维护 VIP。

国外很多服装品牌办理 VIP 卡只需填写一张小卡片的内容，几类标注五角星的为必填项，例如姓名、邮箱、生日等基础信息，国外品牌喜欢通过邮件的方式与顾客联络，他们觉得邮件才是最安全的联络工具，可查询信息是否发送成功，手机号码对他们来说反倒不重要，因为短信、电话会打扰顾客。而国内许多品牌在办理 VIP 卡时需填写一张满满 A4 纸的内容，包括身高、年龄、身份证等，更可笑的是有些品牌要求顾客必须填写身份证号码，否则不予办理，这让顾客在办理 VIP 卡第一步时便产生反感心理。

案例 4-7：高端品牌 VIP 的定位与维护

吉林省长白山周边的五星级酒店费用昂贵，消费人群通常都有一定经济基础。Mary 在长白山滑雪时发现 99% 的人都身穿 Moncler 的羽绒服，UGG 的雪地靴，是 Moncler、UGG 的"粉丝"，且购买力强。在这种特定的环境下，推出贴合市场的产品，VIP 维护就变得易如反掌。但 Moncler 也需警惕未来是否有竞争品牌出现。

又如 Zegna 和 Canali，在国外 Canali 和杰尼亚影响力不相上下，甚至有些地区 Canali 更为畅销。但在中国 Zegna 比 Canali 更受欢迎，因为 Zegna 进驻中国市场较早，推广时间长，已经掌握与中国消费者互动的方法，例如定期邀请 VIP 观看时装秀、举办优惠活动等，天时地利人和造就了 Zegna 在中国的影响力。也就是说 Canali 需要比 Zegna 付出更多努力才能争取到中国消费者。

在建立 VIP 时，如果第一步没做好就会让 VIP 沉睡，或者顾客根本就不愿意办理。所以，从公司内部到终端每位员工都要对 VIP 重视，应不断强调 VIP 的重要性。例如，店长和店员应养成每天查看 VIP 消费记录的习惯，时时刻刻关心每月 VIP 的消费金额，查看哪些 VIP 购买频率很高或是哪些 VIP 很久无消费记录等。店铺考核制度中也包括 VIP 办理，例如，店铺 VIP 办理数量或是 VIP 消费金额达到公司指标会对导购奖励，但这套奖励方案需要监管系统，防止一些导购为获得奖励随便填写虚假 VIP 信息。

此外，公司举办特卖会时也需要 VIP 资源，可通过短信告知 VIP。而 2013 年国家已经下令屏蔽企业促销短信平台，阻止骚扰短信，使企业失去唯一可以与顾客联系的方法。从 2013 年起，微信平台已逐步取代短信平台，微信平台对企业来说至关重要，VIP 维护离不开二维码扫描。企业通过品牌公众帐号发布促销活动及企业最新动态，同时终端店铺配置平板电脑，导购通过店铺公众帐号主动添加顾客为微信好友，顾客可通过店铺公众帐号了解店铺新到款式、促销活动等信息，而公众帐号最重要的优点是不会打扰顾客，顾客可根据自己的意愿选择是否浏览。

澳门赌场在 VIP 建设上尤为出色，在澳门酒店的房间中无处不在地都有他们的广告，成为其会员很简单，只需拿着护照去其 VIP 柜台办理即可，并且可通过赌场娱乐获得积分，积满一定积分即可获得酒店免费入住、酒店免费送车或是餐饮打折等优惠政策。最令人称赞的是 VIP 积分查询非常方便，在查分机中插入 VIP 卡便会显示 VIP 级别、卡内积分、可享受的优惠政策、升级所需积分及升级后可享受的优惠政策等信息。简单的办理手续和积分优惠政策让消费者自然而然的想成为其 VIP。但目前国内诸多企业都无专门的 VIP 查分机器，顾客没有自主性，那么 VIP 也就失去了吸引力。此外，整个零售行业中 VIP 维护最成功的是化妆品行业，即使顾客只购买一件产品也会有赠送小样的做法带给顾客心灵安慰，并且通过赠送小样，无形之中推销了其他产品。

客户关系管理（CRM，Customer Relationship Management）又可以称为一种管理模式。用此软件可以全方位进行 VIP 维护，补充并丰富对 VIP 的各种政策以打动顾客。CRM 的侧重点是客户资源管理，有效整合企业对潜在资源的挖掘，发现现有客户的长远价值，不断去完善服务体系，提升其品牌忠诚度。

如果企业缺少 CRM 系统，会产生以下问题：部门工作分配不明确、客户资源不能充分挖掘、信息发送迟缓等。建立 CRM 系统的目的是希望所有的客户（忠诚客户、低价值客户、高价值客户）都能成为黄金客户，最终成为 V-VIP 客户。CRM 系统就可及时获知 VIP 的消费金额、消费频率、近期消费情况等，从而更好地维护 VIP。

如何培养新 VIP，又怎样维护现有 VIP 是每个品牌关心的问题。品牌公司一般会将 VIP 维护分成几个阶段，每个阶段有相应的工作任务。比如客户资源的提取；客户价值的提升；如何延长 VIP 寿命；如何让顾客反复光临品牌店铺。CRM 系统需要以下 7 个过程去完成对 VIP 的管理，分别为：客户销售管理、CRM 的组织架构、应有的软件系统、客户管理、售后服务、促销方案、数据分析的支撑。

借助 CRM 系统的专业流程才能维护好 VIP，例如如何激活休眠 VIP、如何挽回流失 VIP、如何把握与新 VIP 的联系频率。但目前 CRM 系统在市场上的利用率不高，此系统价格昂贵，小型企业无法承担其费用，只有发展成熟、资金雄厚的公司才会使用 CRM 系统管理 VIP。据了解，品牌公司尤其服装公司很少建立 VIP 体系，很多管理者尚未发觉 VIP 数据管理的重要性，还未领悟 VIP 是延伸品牌生命的重要点。

注释：

[35] 菲利普·科特勒.营销管理 [M]. 上海人民出版社 ,2009.

[36] 百度百科.渠道长度 http://baike.baidu.com/link?url=DXB4e-kRig7MD6Puaw
HovvAh4W0yIIA4_Yp_tLIN_XIIOQtLB5THRz1S48aTV-V_mxTlcQuK
ZaHgn_-TV1djma.

[37] 百度百科.渠道宽度 .http://baike.baidu.com/view/5946485.htm.

[38] 迈克尔·J·贝克.市场营销百科 [M]. 沈阳: 辽宁教育出版社 ,1998.

第五篇

展示攻略篇

在整个营销活动中，展示是最具魅力的。同样的产品、同样的店铺、同样的服务却可以为我们带来完全不同的销售。造成这一结果的主要原因就是展示。它是服装的又一次全新开发，它是品牌增值的最直接手段。

记住：一定要下功夫研读本书的第五攻略——展示攻略篇。

MARY 对展示的解读

　　消费者明白：与许多丑陋的外观形象相比，优美的外观形象给人以赏心悦目的感觉。与许多过时的服装相比，流行的样式给人以时尚新潮的印象。所以，有与无互相转化，难与易互相形成，长与短互相衬托，高与下互相充实，音与声互相谐和，前和后互相接随，这是人世间的永恒规律。因此，设计师采用多元的手法去创作，采用流行的元素去传达，使服装流行呈现此消彼长的盛况。流行趋势的形成是不以人的意志为转移的。企业家不要因为一时的经营成功而得意忘形。只有始终保持谦虚谨慎，才不会失去前进的方向。

天下皆知美之为美，恶已；皆知善，斯不善矣。有无之相生也，难易之相成也，长短之相刑也，高下之相盈也，音声之相和也，先后之相随，恒也。是以圣人居无为之事，行不言之教，万物作而弗始也，为而弗志也，成功而弗居也。夫唯弗居，是以弗去。

——摘自《道德经》第二章

[译文]：天下人都知道美之所以为美，那是由于有丑陋的存在。都知道善之所以为善，那是因为有恶的存在。所以有和无互相转化，难和易互相形成，长和短互相显现，高和下互相充实，音与声互相谐和，前和后互相接随——这是永恒的。因此圣人用无为的观点对待世事，用不言的方式施行教化：听任万物自然兴起而不为其创始，有所施为，但不加自己的倾向，功成业就而不自居。正由于不居功，就无所谓失去。

视觉营销

视觉营销是卖场终端的设计系统，作为一种视觉表现手法，它将商品、卖场设计与布局、陈列技法有机地结合起来从而营造一种店铺的氛围，并将商品完美地展示给目标群体[39]。

视觉营销（VMD，即 visual Merchandise Display）指借助无声的语言，实现与顾客的沟通，以此向顾客传达产品信息、服务理念和品牌文化，达到促进商品销售，树立品牌形象的目的[40]。

VP、PP 和 IP[41]

演示空间（VP，Visual Presentation）是顾客视线最先达到的地方，是橱窗或演示展台。VP 是表现商店主题、流行趋势、季节变换的空间，是把商场或卖场的政策和商品战略传达给顾客的空间，所以要明确表达主题，让顾客认同。VP 以"商店的脸"向顾客提议着某种生活方式，执行并传达随着季节变化的卖场信息，具有视觉传达的作用，达到把顾客吸引到卖场的目的。

展示空间（PP，Point of sale Presentation）是指顾客来到卖场后，能够让其视线在卖场停留更长的时间，从而达到销售联系作用的地方。PP 是"商店内部角落的脸"，是协调和促进相关销售的有魅力的空间，是商品陈列计划的重点，起到引导销售的作用。所以，陈列的商品要成为主体，位置应在顾客视线自然落到的地方，如墙面上段的中心部分、货架上、隔板上，通常是正挂（Face out：展现商品正面的技法）的空间表现形式。

陈列空间（IP，Item Presentation）是达到销售的最终目的。IP 占据了商场的大部分，因此根据这一部分的整理陈列，对组成卖场氛围具有非常大的影响，其作用并不弱于 VP 或 PP，也是非常重要的部分（图 5-1）。

图 5-1　VP、PP、IP 示意图

POP[42]

POP(Point of Purchase) 为卖点广告的意思。在商场里通常有大量的作为商品标签、品牌标识之用，或用于商品介绍，促销宣传的简单、轻巧或易于更换的广告，一般采取悬挂、摆放、粘贴等简便的固定方式，习惯上称之为 POP 广告。POP 广告能极大地烘托店内的气氛，刺激顾客的购物欲望。POP 广告主要包括以下 4 种类型。

（1）商品周围的 POP：陈列于商品周围，与商品融为一体的小型促销广告。可使顾客直接获得有关商品的特性、价格和使用知识等信息。

（2）事件 POP：结合庆典、促销等活动张贴与之相关的宣传广告、强化事件的影响力，进而吸引顾客，增加店铺的吸引力。

（3）系列 POP：介绍商品系列的促销广告，可与多媒体手段相结合，使陈列展示与参与活动、动态与静态、局部与整体融为一体。比起来单一的柜台，吊挂 POP 广告更能吸引顾客，扩大影响。

（4）顾客参与的 POP：让顾客参加演示。

POP 广告的使用方法：

（1）吊挂式 POP：分为两面、四面或多面立体式几种。可单体吊挂，也可群体组合。制作材料用各种厚纸、金属、塑料均可。

（2）柜台式 POP：广告放置于柜台、展台之上。可有效地吸引顾客的注意力，并能直接帮助顾客确认商品的质量、功能等特点，从而突出了广告性。

（3）落地式 POP：广告可设置与店内外和通道两边的地面上，通常可以移动，使用方便灵活。其高度应与人的高度相仿为宜。

（4）吊旗 POP：它包括大小不等、悬挂位置不同的织物或塑料旗帜。可充分利用空间，营造热烈气氛，达到较好的广告宣传效果。

（5）动态 POP：它设有动力装置使之按一定规律重复运动，充满乐趣和新奇感。

（6）贴纸 POP：凡能粘贴于门窗、墙壁、柱廊等上面，具有广告媒介作用的印刷品，都属于此类广告。

（7）光源 POP：光源广告利用透明材料制作，具有特殊光效应及视觉效果。如灯箱、虹灯广告等。

（8）商品结合式 POP：它指置于商品周围，或与商品结合于一体的广告。此类广告可以增强顾客对商品的亲切感和信任感。

店铺陈列

店铺陈列是指把商品及其价值，透过空间的规划，利用各种展示技巧和方法传达给消费者，进而达到销售商品的目的[43]。

夫地形者，兵之助也。料敌制胜，计险隘远近，上将之道也。知此而用战者必胜，不知此而用战者必败。

摘自《孙子兵法》地形第十

5.1店装形象与品牌定位

店装形象必须与品牌定位一致，这种一致性可以通过店装的各个要素来实现，并且各要素相互协调，营造出品牌的整体风格，并在顾客的心中占领一个特殊的位置。

（1）色彩：合理应用品牌 VI 设计的主、辅色调，使服装和装修色彩很和谐地融为一体，让顾客感受品牌的风格。

（2）灯光：在服装卖场中灯光起着关键的作用，整体照明上要保证亮度，因为人是具有趋光性的。局部照明上，一定要用射灯进行烘托，因为同样一件衣服打光和不打灯光出来的展示效果完全不同，特别是模特、点挂单件展示的服装。灯光的颜色也要适当，蓝色光给人很冰凉、冷酷、迷幻的感觉，适合卖夏装；黄色的灯光，给人很温暖的感觉，适合卖冬装。

（3）材质：店装风格确定后，就是货架、柱子、插杆、层板、桌面等的选择。这些东西是用来挂摆衣服的，是否选择得好很重要，原则是符合品牌风格和定位，包括材质的品质与外观，千万不要抢服装的风头。

（4）试衣间：顾客买衣服的决定大多是在试衣间里作出的，试想一下，当顾客走进试衣间，踏上软软的羊毛地毯，关上精致把手的门，试穿后有落地穿衣镜可照出前后的试衣效果，这时顾客购买衣服的可能性就被大大地提升了。

（5）通道：货架摆放留出行走空间，分为主通道和副通道，其主通道宽度不得小于 120 厘米，次通道宽度不得小于 80 厘米。形象背景板对主入口或买场主通道。

孙子曰：地形有通者、有挂者、有支者、有隘者、有险者、有远者。我可以往，彼可以来，曰通。通形者，先居高阳，利粮道，以战则利。可以往，难以返，曰挂。挂形者，敌无备，出而胜之，敌若有备，出而不胜，难以返，不利。我出而不利，彼出而不利，曰支。支形者，敌虽利我，我无出也，引而去之，令敌半出而击之利。隘形者，我先居之，必盈之以待敌。若敌先居之，盈而勿从，不盈而从之。险形者，我先居之，必居高阳以待敌；若敌先居之，引而去之，勿从也。远形者，势均难以挑战，战而不利。凡此六者，地之道也，将之至任，不可不察也。

摘自《孙子兵法》地形第十

5.2店铺设计

服装实体店的店铺设计，包含了门头、天地、货架、灯光、道具、橱窗、空间设计、陈列设计等内容。在明确的品牌定位、顾客定位、产品定位下，根据店铺的商业环境，可确定店铺设计的定位与具体设计方案（图5-2）。

门头设计通常由品牌标示或图案构成，目的在于吸引顾客，必须符合品牌的CI形象识别系统。

天地是店铺的天顶与地坪，一上一下的材质、色彩设计关系到整个店铺的氛围与顾客的感官体验，必须与品牌风格高度一致。

橱窗展示是品牌的立体广告，往往处在店铺中最突出的位置，对服装销售和店铺设计效果明显。因此，货品的陈列技巧和展示主题，对取得这种效果至关重要。橱窗展示的方式可以有场景式、主题式、系列式、综合式。

货架分为高架和低架，高架适合叠装、侧挂、正挂等多种陈列方式，低架则陈列服装或饰品，一般高架的销售效果比低架好。此外，有些店铺还设有风车架、饰品柜等。

展台在店铺中用于陈列当季主推货品或主推款，以此向顾客传递品牌风格、设计理念与销售信息。展台常放置于店铺入口处或显眼的位置，可以是单个，也可以是两三个高度不同的展台组合而成。

道具的设计与选用决定着店铺陈列的整体效果。最重要的道具是模特，辅助陈列的道具，调节气氛的道具，各种道具在突出主题故事、增加陈列趣味的同时最大限度地满足顾客的挑选与试穿。

灯光是店铺设计中必不可少的项目，它不仅营造环境氛围，同时突出服装，诱导顾客选购产品。灯光分为整体照明和局部照明，局部照明又可细分为货架照明、墙面照明、橱窗照明，此外还可采用渲染环境的气氛照明。为了达到设计效果，光源的选择很重要。

空间设计除了美观还要考虑功能，便于顾客进入店铺购物，便于店员经营管理，便于货品陈列的有效展示。空间的构成与货架、通道、出入口的设置组合密切相关。

收银台与试衣间，这是功能非常明确的两个部分。收银台位置的设计要考虑顾客的动线，可以放在死角或者比较不占陈列面积的位置，也可以和试衣间靠近。试衣间的配置要舒适、便利，试衣间的数量与品牌定位的高低成反比。

图 5-2　店铺设计

故明君贤将所以动而胜人，成功出于众者，先知也。先知者，不可取于鬼神，不可象于事，不可验于度，必取于人，知敌之情者也。

摘自《孙子兵法》用间第十三

5.3每季主题陈列

5.3.1 主题

服装陈列至少要有春夏秋冬四季，每个季节都要有鲜明的特点，也就是要有明确的陈列主题。陈列主题是对品牌定位的生动演绎，是对流行趋势的专业解读，是对顾客需求的循循善诱。

主题的概念范围很宽泛，可以是科技艺术、人文历史、生态环保、时事节日、热点话题等。主题的确定是在深刻理解服装产品的基础上产生的，通常依据产品特点确定陈列风格，由此寻找与陈列风格相关的灵感来源，再由灵感来源归纳主题，最终根据主题与灵感来源编写主题描述。

主题文案确定后，围绕主题选用和组织展品、道具、色彩、灯光等陈列要素，店铺的橱窗是陈列主题的最重要位置，要用足用好。

每季主题展陈列的方式能够强化概念、深化主题，有利于创造独特的品牌展示氛围，从而吸引顾客进入店铺，在店铺中逗留并浏览展品，最终促进销售。

5.3.2 风格

主题陈列的风格服从于品牌定位与陈列主题，或简洁，或繁复；或现代，或复古；或严谨，或奔放；风格的多样化，使其无法一一列举。无论何种陈列风格，主题陈列承担着维护品牌形象、传递品牌文化理念、凸显品牌身份的任务。

案例 5-1：CHANEL 品牌的橱窗陈列

以 CHANEL 品牌的橱窗陈列为例，我们从品牌文化历史说起。COCO CHANEL 是至今为止最具影响力与反叛精神的时装设计师之一，她认为女人必须像男人一样独立，才不会成为男人自由恋爱的牺牲品或附属品，这正是 CHANEL 品牌的精神。

她证明了一个事实：奢华和高雅的极致是简洁。在 CHANEL 的服装设计中，黑与白是经典的搭配，COCO CHANEL 喜爱的山茶花是 CHANEL 服装中不可缺少的图案与配饰，装饰性强的珍珠项链是 CHANEL 最常用的配饰。在理解 CHANEL 品牌服装文化的基础上，CHANEL 的陈列师运用橱窗设计把企业文化源源不断地传播出来。

首先，我们从 CHANEL 的一季橱窗分析，从色彩上看，橱窗与 CHANEL 惯用的黑白色调紧密相关。橱窗里的礼服上经常设计有山茶花朵的元素，那些巨大的黑、白色山茶花朵，将时装产品的设计细节无限放大。平时普通的顾客通常不会去关注这些设计细节，CHANEL 橱窗设计师帮助品牌把想要呈现给顾客的设计细节拿到橱窗展示中，可以保证每个经过 CHANEL 橱窗的顾客看清楚每个花朵的纹理和结构，而这些花朵元素在 CHANEL 的商品中均可以找到。

在橱窗的结构中，这些立体的山茶花朵图案呼应在橱窗的前景和背景，前景使用道具，背景使用广告画，将一个设计元素演绎到印象中不可磨灭的程度。

CHANEL 时装经由特制的模特，将品牌价值传递得滴水不漏，模特手中的珍珠项链，也被陈列师采用放大的夸张手法演绎出来，完美呈现 CHANEL 品牌的高档奢华感，传播了企业的文化精神。

其次，我们从历年来的 CHANEL 的橱窗风格上看，黑白始终是贯穿橱窗的主角，其发布会、饰品、道具更是与黑白色调紧密相关。在每一季的发布会上，CHANEL 都会推出一些具有代表性的饰品，比如大蝴蝶结、大别针、串有品牌标识等，这些经典元素，源源不断地在橱窗内蔓延。CHANEL 成功地把思想体现在卖场和橱窗设计中。

5.3.3 细节

季节性主题陈列需要关注细节，简单来说就是要有季节性区分。同一个品牌，同一个货架，因为季节不同，陈列要有变化。一方面要定期调换货品陈列的位置，给顾客以新的视觉感受，另一方面要根据货品上市的季节不同而采取不同的陈列方法来促进销售（图 5-3）。

季初货品上市时，由于货品上市不充分，只有部分新款上架，顾客往往存在再等等，越往后选择余地越大的想法。为了促使顾客马上做出购买的决定，要在店铺中营造新货大量上市的气势，采用多次重复陈列的方法，在最显眼的陈列位置，如橱窗、陈列台等处重复陈列，造成顾客的视觉冲击。

在季中的销售中要特别注意的是畅销货品的多点陈列，要在店铺的多个不同位置进行畅销款的陈列，因为畅销货品是顾客关注度最高的货品，也是试穿最多的货品，很容易被顾客拿进试衣间试穿，这样其他客人就失去了购买的机会。因此要特别注意多点陈列，扩大销售概率。

季末时货品容易出现断码现象，这个时候要注意对于断码严重的货品，尽量不要在显著位置陈列，因为断码严重的货品往往是前期畅销的货品，到了季末无法补货才产生断码。前期的畅销款往往顾客的关注度会高，这个时候顾客选好款又没有了码，多次出现这样的情况会对销售的成功率产生不良影响。所以在季末要尽量把码数齐全的货品放在显著位置陈列。

陈列中还有一个细节需要注意，那就是产品包装。有些货品在销售的时候有特殊的包装要求，如内衣、饰品、礼品等。因此，货品陈列时必须连带包装一起展示。

图 5-3　货品（橱窗）陈列

5.4 VMD——货品陈列

5.4.1 货品陈列原则

沙驰高层在十几年前便提出对男装进行搭配陈列，并最早把该理念引入市场，但那时顾客消费观念依然守旧，还是习惯按品类划分的陈列方式购买，比如挑衬衫会去衬衫区域，选择棉衣会去棉衣区域。那时候所有品牌店铺的货品陈列都相似，因此没有办法引导顾客陈列搭配式消费，很难促进销售业绩增长。但十年之后，货品陈列模式变革巨大，陈列搭配的视觉效果直接影响着销售业绩，顾客会在陈列独特的店铺前驻足，店铺陈列与客流量息息相关。模特服装搭配的好坏能直接影响顾客的购买，完美的搭配刺激顾客购买整套服装，同时，也能为导购提供便利，无形当中也成为导购的好帮手。它无声的告诉顾客怎样去装扮自己。有的导购会出现将当季的产品放在仓库忘记陈列，却把过季产品继续在店铺售卖，这都是不合理的现象。

如今货品陈列也是大营销。货品陈列是无声的导购，虽没有导购的服务技巧，但陈列的空间效果以及整体视觉效果可以迅速抓住顾客的眼球，引导顾客消费。此外，货品陈列是否规范也影响着销售业绩，其规范性也包括尺码陈列，若陈列不规范，导购很难以最快的速度到找到适合顾客的服装。

案例 5-2：S 品牌男衬衫陈列原则

Mary 在某次巡店中发现尺码陈列规范性影响着整个销售环节。当时，顾客 A 需要 48 码的外衣，而 48 和 50 是最畅销的尺码，但作为最畅销的尺码，却没有在店铺中陈列出，只陈列了 46 和 54 码。顾客麻烦导购去仓库找所需的尺码，可五分钟之后导购依然没有找到该尺码的服装。因此，尺码陈列规范性会直接决定交易是否达成。

通常导购需在 30 秒找出顾客所需的货品，导购要熟悉店铺的陈列规则，货品尺码情况，如果不能用最快的速度找出货品，说明尺码陈列不合规范。店铺仓库中的货品也需按尺码大小依次摆放。服装公司应特别强调重视尺码陈列规范。

店铺的货品陈列需要紧随气温的变化而变化。在秋冬季节，若商场中还可以看到模特上搭配夏天的衣服、春天的围巾，这就是没有根据季节、温度陈列，导致的结果是行内人看笑话，而顾客不知道店铺想表达什么、卖什么。所以陈列要考虑温度，陈列得当能够提高连带销售率，也能传达时尚元素。

灯光也是陈列中必不可少的因素。借助灯光的照射，商品变得更有魅力。灯光的作用主要有三方面：烘托气氛、强调商品特征、引导顾客消费。首先，色光是具有表情的，经由色光照射，店铺空间会产生柔和、温暖的感觉，使顾客获得心理的愉悦感，进而产生购买欲望；其次，灯光可以增强商品的色彩与质感，如暖色光照射在有光泽的面料上，更增添商品的精致与高贵；最后，如果周围的环境不能凸显商品时，可利用亮度、色调的反差，吸引顾客注意力集中在特定的商品上，从而达到视觉引导的效果。有时，店铺中的照明灯会因外力作用而发生位置变化，所以员工需要每月定期检查照明灯的位置与角度，以确保灯光打在需要展示的位置上。

软装道具也为店铺陈列增色添彩。常用的软装道具有植物花卉、模特、饰物、可移动的家具、品牌礼品、POP 海报等。其中，促销礼品和 POP 海报都需陈列在 VP 的位置，以达到促销宣传醒目的效果。

主推产品在必要时应进行重复陈列。若顾客在进店之前，发现橱窗中展示了一件别致的服装，进店后又在展示台上看见它，这就意味着公司对主推款进行了重复陈列。重复陈列的目的是无形中让顾客加深对主推款的印象，更多地关注、购买主推款货品。

服装公司不会因为店铺数量增加，而随意增加陈列师，重要的是让公司更多员工对陈列敏感。陈列师不是一年 365 天都去各地区各店铺做陈列，因为陈列师时间有限，并且差率费用昂贵。那么，如何让陈列师做到不出户足以治"店铺"呢？首先，陈列师要在下季产品上货之前，在公司样板间做好下季服装搭配、货品摆放规则等样本；其次，拍摄照片后发至各区域各店铺，店长和导购按照片标准执行陈列。同时，每家店铺也会安排穿衣品味好，眼光独特的导购担任陈列小帮手，帮助店铺规范陈列。

案例 5-3：S 品牌店铺陈列绩效考核

S 品牌为了检查店铺陈列是否按标准执行，会定期让导购按要求对店铺拍照并回传给公司。检查内容包括：休息区是否放置画册、门头橱窗是否陈列当季新品、试衣间拖鞋是否摆放规范等。照片数量会因店铺面积不同而有所变化，一般面积较大的店铺需要拍照 10 张，小店铺 5 张即可。这种照片形式的考核每月一次，无需太多，检查的目的是让导购重视店铺陈列，而过于频繁的检查会影响正常的销售工作。

此外，公司会不定期地随机抽查店铺陈列情况，并对抽查结果较好和较差的店铺给予相应的奖励和处罚，奖惩数量由抽查店铺的总数量决定。奖惩的方式是，从抽查结果较差的店铺中扣除一定金额的奖励给陈列较好的店铺。这样公司既不需负担一分钱，却让店铺间达到了良性竞争的效果。

陈列师也需要了解市场，安排每月的出差计划。此外，当公司要新增店铺时，陈列师需要事先做好店铺陈列计划。当店铺需要做 DP 展示时，陈列师需要设计展示内容；当店铺需做橱窗演绎时，陈列师需想好演绎的主题，由此可见陈列部门是一个非常繁忙的部门。不仅如此，陈列部还需和培训部紧密配合，例如在公司每次订货会前，培训部需要邀请陈列部同事给各区域加盟商培训陈列知识，比如陈列与温度、灯光的关系；橱窗主题如何展示；哪款服装需做重复陈列等知识点。陈列部也会通过培训部将每季主题传达给导购。只有通过这样相辅相成的工作，才能将店铺陈列做得更规范。

对于那些要做主推组合或主题性的产品，需陈列在 VP 点的主推位置，这样既能够让顾客看到推广重心也能表达陈列思想。为了达到陈列的复制效果，陈列师一定要每月对店铺的陈列效果进行点评，同时，在每季新品上市之前，提前拍摄好陈列手册，并将陈列标准告知到终端，让终端人员能够做到标准统一。此外，还要根据不同地区的温度来掌握每一波段的上新频率，比如东北冬季来临的较早，其他地区还处于第一波段时，它可能就要卖第二波段产品了。因此，陈列师要根据全国各地的温度来决定每个波段上新的节奏。

案例 5-4：主推款的陈列原则

在货品陈列中，主推款并非是一成不变的。如表 5-1 所示，3、4、5 款并非主推款，此三款的可持续销周数都分别达到了 15.7、15.1、14.5，但其周销达成率却非常低，为避免库存积压，可把此三款暂定为主推款。通过变换陈列方式、提高员工绩效奖金或提升销售技巧等方法以达到增加其销量的效果。

排名	产品描述	周销达成率（件数）	可持续销周数	销售占比
1	圆领印花短袖T恤	138.9%	3.3	20%
2	夹棉背心	92.4%	5.5	11%
3	V领假开胸无袖衫	36.0%	15.7	4%
4	圆领印花短袖T恤	37.2%	15.1	3%
5	圆领印花长袖T恤	38.7%	14.5	3%

表 5-1　畅滞销单款可持续销周期分析表

由此可见，陈列部对品牌公司而言是极为重要的。陈列是什么？陈列能够提高员工的时尚度；陈列是什么？陈列能够帮助品牌完成促销活动；陈列是什么？陈列能够吸引顾客、引导顾客；陈列是什么？陈列能够促进连带销售，让销售业绩达到高峰。

5.4.2 货品陈列技巧——VP、PP、IP、DP

货品陈列技巧是视觉营销的重要手段，货品是店铺形象的重要构成，销售策略通过视觉效果呈现出来。

VP（Visual Presentation）：视觉演示陈列，店铺厅口的黄金展示位，吸引顾客第一视线的重要展示空间。通常指橱窗和厅口展示台，主要展示当季主推的形象款，传播当季的主题和故事。比如在圣诞节时，就会在橱窗和展示台呈现圣诞节元素。

PP（Point of Sales Presentation）：销售要点陈列，立体展示位，通常为壁面展示。其是服装正挂的区域、精品展示橱，可以把服装立体地呈现出来，正挂主推款和形象款。展示产品需要符合尺码齐全这一条件。

IP（Item Presentation）单品陈列，通常为层板展示位和侧挂展示位。其能够满足货品摆放且顾客拿货方便的空间，在整个卖场中属于储存空间。

DP（Display 陈列展示）：公共空间或商业空间的展示位。在商场比较聚焦的空间做静态的商品展示，是单独给品牌做宣传的展示区域，通过陈列去体现品牌价值或增强品牌影响力，刺激消费者购物。

知吾卒之可以击，而不知敌之不可击，胜之半也；知敌之可击，而不知吾卒之不可以击，胜之半也；知敌之可击，知吾卒之可以击，而不知地形之不可以战，胜之半也。故知兵者，动而不迷，举而不穷。故曰：知彼知己，胜乃不殆；知天知地，胜乃可全。

摘自《孙子兵法》地形第十

5.5服装品牌的其他重要有形展示

服装品牌在经营运作的整个过程中，以各种各样的载体与手段传播品牌、展示品牌形象，包括（图5-4）：

（1）以物理场地形式呈现的品牌总部与品牌展示厅。

（2）以平面媒体呈现的品牌运营管理手册、品牌服务规范。

（3）以新媒体形式呈现的品牌官方网站、品牌宣传片、广告片。

（4）以语言形式呈现的品牌口碑。

（5）以服务形式呈现的售后服务、接待礼仪。

（6）以人员形式呈现的品牌经理等。

所有的有形展示形成合力，就为了打造品牌的定位、形象与风格。

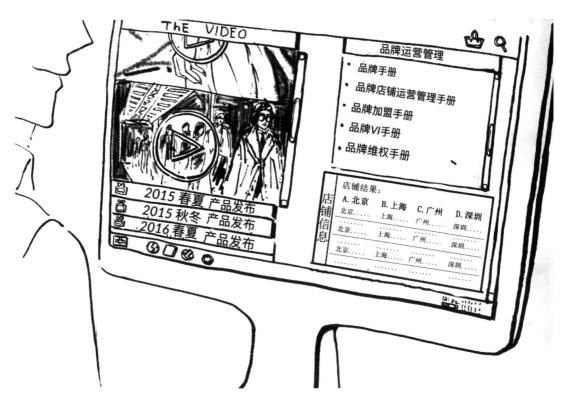

图 5-4　其他展示形式

注释：

[39] 托尼·摩根.视觉营销：橱窗与店面陈列设计 [M]. 北京：中国纺织出版社，2014.

[40] 马大力.视觉营销 [M]. 北京：中国纺织出版社 ,2003.

[41] 金顺九 , 李美荣.视觉·服装——终端卖场陈列规划 [M]. 北京：中国纺织出版社 ,2007.

[42] 马大力 , 周睿.卖场陈列——无声促销的商品展示 [M]. 北京：中国纺织出版设 ,2006.

[43] 祝文欣.店铺陈列 [M] . 北京：中国纺织出版社 ,2004.

第六篇

促销攻略篇

当进入"促销攻略篇"学习时,我们似乎已经懂得了全部营销技能。因为,对绝大多数人来说,促销是最最熟悉的话题。不过,请千万牢记:促销技巧的灵活运用是衡量一名营销人员是否优秀的最重要尺度。

MARY 对促销的解读

　　在市场营销中，没有其他营销手段比促销更示弱、更无奈了。虽然广告宣传、包装展示和售后服务等都是很好的经营武器，但是都不如促销来得直接和有效。应该说，在营销管理中，好像还没有其他手段可以替代促销。在商战中，人人都懂"以弱胜强，以柔克刚"的道理，但不是人人都能用好这一武器。因此，智者就会讲："只有承受屈辱，才能成为领袖；只有承担责任，才能称王天下。"这是很好的正话反说。

天下皆知美之为美，恶已；皆知善，斯不善矣。有无之相生也，难易之相成也，长短之相刑也，高下之相盈也，音声之相和也，先后之相随，恒也。是以圣人居无为之事，行不言之教，万物作而弗始也，为而弗志也，成功而弗居也。夫唯弗居，是以弗去。

——摘自《道德经》第二章

　　[译文]：天下人都知道美之所以为美，那是由于有丑陋的存在。都知道善之所以为善，那是因为有恶的存在。所以有和无互相转化，难和易互相形成，长和短互相显现，高和下互相充实，音与声互相谐和，前和后互相接随——这是永恒的。因此圣人用无为的观点对待世事，用不言的方式施行教化：听任万物自然兴起而不为其创始，有所施为，但不加自己的倾向，功成业就而不自居。正由于不居功，就无所谓失去。

促销

广义的促销是指为了促进企业的销售，而采取的包括人员推销、广告、销售促进、公共关系四大促销组合在内的营销方法，目的在于引起消费者的兴趣和注意，激发其购买欲望，最终实现购买行为。狭义的促销仅指销售促进，它是指企业提供各种短期诱因（如打折、买赠、优惠等）以促进销售增长的一种营销手段 [44]。

促销决策

公司在促销时，必须确定目标、选择工具、制定方案、预试方案、实施和控制方案，并评价结果。

确定促销目标：从基本的营销传播目标导出了促销目标，而基本的营销传播目标又是从开发特定产品的更加基本的营销目标中导出的。促销目标一定要根据目标市场类型的变化而变化。

选择促销工具：许多促销工具可用于实现促销目标。促销计划者应该把市场的类型、促销目标、竞争情况以及每一种促销工具的成本效益考虑进去。促销工具分为消费者促销工具、交易促销工具和销售人员促销工具。

制定促销方案：首先营销者必须确定所提供刺激的大小；第二，营销经理必须制定参与条件；第三，营销者还必须决定促销的持续时间；第四，营销者还必须选择一个分发的途径；第五，营销经理还要决定促销时机；最后，营销者必须确定促销总预算。

预试促销方案：虽然促销方案是在经验的基础上制定的，但仍应经过预试以求明确所选用的工具是否恰当，刺激的规模是否最佳，实施的方法效率如何。

实施和控制促销方案：营销经理必须对每一项促销工作确定实施和控制计划。实施计划必须包括前置时间和销售延续时间。前置时间是开始实施这种方案前所必需的准备时间。销售延续时间是指从开始实施优待办法起到大约 95% 的采取此优待方法的商品已经在消费者手里的结束为止的时间。

评估促销结果：促销结果的评价是极端重要的。可用销售数据、消费者调查和经验三种方法对促销的效果进行衡量 [45]。

促销工具

销售促进包括多数属于短期性的各种刺激工具，用以刺激顾客迅速和较大量地购买产品。销售促进工具有消费者促销工具（如优惠券、现金折款、特价包、赠品、奖品、光顾奖励、产品保证、联合促销、交叉促销和商品示范）、交易促销工具（如价格折扣、折让和免费商品等）以及销售人员促销工具（如奖金、竞赛）[46]。

1）消费者促销工具

（1）优惠券:持有优惠券的顾客在购买产品时,可凭券得到一定的价格减让。

（2）现金折款：是在购物完毕后提供减价，而非在零售购买之前。

（3）特价包：将商品单独包装起来减价出售，或者可以采取组合包的形式，即将两件相关的商品并在一起。

（4）赠品：品牌以较低的代价或免费向消费者提供某一物品，以刺激其购买某一特定产品。

（5）奖品：是指消费者在购买某物品后，向他们提供赢得现金、旅游或物品的各种获奖机会。

（6）光顾奖励：它是指以现金或其他形式按比例地用来奖励顾客的光顾。

（7）产品保证：由销售者保证产品按规定无明显或隐含的毛病，如果在规定期内出毛病，销售者将会修理或退款给顾客。

（8）联合促销：两个或两个以上的品牌或公司在优惠券、付现金折款和竞赛中进行合作，以期扩大它们的影响力。

（9）交叉促销：是用一种品牌为另一种非竞争的品牌做广告。

（10）商品示范：商品示范表演发生在购买现场或者销售现场。

2）交易促销工具

（1）价格折扣：在某段指定的时期内，每次购货都给予低于价目单定价的直接折扣，鼓励经销商去购买一般情况下不愿购买的数量或新产品。

（2）折让：制造商提供折让，以此作为零售商同意以某种方式突出宣传制造商产品的报偿。

（3）免费商品：制造商还可提供免费产品给购买某种质量特色的、使其产品增添一定风味的或购买达到一定数量的中间商。

3）销售人员促销工具

常用销售人员的促销工具主要为销售竞赛，是指一种包括推销员和经销商参加的竞赛，其目的在于刺激他们在某一段时期内增加销售量，方法是谁成功就可获得奖品。

饥饿营销

所谓"饥饿营销"，是指商品提供者有意调低产量，以期达到调控供求关系、制造供不应求"假象"、维持商品较高售价和利润率的营销策略。同时，饥饿营销也可以达到维护品牌形象、提高产品附加值的目的[47]。

情感营销

情感营销是以感性观点来分析人们的消费行为，把对个人感性差异的满足作为品牌文化营销的核心。 情感营销来源于人们的感性消费。 现代市场营销理论认为， 消费者的需求大致可分为三个阶段，即"量和价的满足时代""质的满足时代""感性的满足时代"。 在感性的满足时代， 商品只有做到"时尚化""风格化""个性化""情感化"，并以深厚热烈的情感为基础才能赢得消费者的心理认同，从而产生消费欲望与购买行为[48]。

情感营销就是把消费者个人情感差异和需求作为企业营销战略的核心，通过情感品牌、情感产品、情感价格、情感分销、情感促销等来实现企业的经营目标。情感营销的五大环节由情感化理念、情感化功能、情感化包装、情感化传播诉求、情感化的服务组成[49]。

需求价格弹性

一种物品需求量对其价格变动反应程度的衡量，用需求量变动的百分比除以价格变动的百分比来计算。由于任何一种物品的需求取决于消费者的偏好，所以，需求的价格弹性取决于许多形成个人欲望的经济、社会和心理因素[50]。

供给价格弹性

一种物品供给量对其价格变动反应程度的衡量，用供给量变动的百分比除以价格变动的百分比来计算。在大多数市场上，供给价格弹性关键的决定因素是所考虑的时间长短[51]。

> 夫兵形象水，水之行避高而趋下，兵之形避实而击虚；水因地而制流，兵因敌而制胜。故兵无常势，水无常形。能因敌变化而取胜者，谓之神。故五行无常胜，四时无常位，日有短长，月有死生。
>
> 摘自《孙子兵法》虚实第六

6.1 促销策略与品牌定位

6.1.1 促销的广告载体演变

　　20 世纪 70 年代初，金利来品牌播放了电视广告"金利来领带，男人的世界"，开创了服装品牌电视广告的先河；80 年代，中国电视上充斥着大大小小的服装品牌广告；90 年代末、21 世纪初，最流行的广告形式是时尚媒体，如《时尚先生》杂志，其广告费用昂贵，即使 8 折优惠后，一个内页的价格仍高达 5 万 ~6 万元。

　　经历了 21 世纪初十多年的探索，广告的方式逐渐发生了变化。各类人群在不同杂志上都能看到服装品牌的广告，而不再局限于一两本杂志。以男性消费者为例，《GQ》《男人风尚》《芭莎男士》《男人健身》等五花八门的杂志开始改变了男人的胃口。现在男士订阅杂志已经逐渐开始分类，喜爱健身的男士就会购买健身类的杂志；喜欢追求潮流的男士就会从《milk》中了解潮流趋势。商家的选择空间也越来越大，可根据目标消费顾客来选择杂志刊登广告。

　　上海虹桥、浦东两大机场的广告灯箱上挂满了各类奢侈品品牌广告，这里曾经是中国本土品牌的领地，现在已经被来自世界各国的"贵族"品牌替代。如果品牌公司没有"贵族"身份、雄厚的资金，面对昂贵的广告费用，只能望洋兴叹。

　　如今，品牌公司将视线从传统媒体转向了新媒体。何为新媒体？新媒体就是新的技术支撑体系下出现的媒体形态，如数字杂志、数字报纸、数字广播、手机短信、移动电视、网络、桌面视窗、数字电视、数字电影、触摸媒体等，比如我们熟知的微博、微信就是新媒体的一种。2012 年，某奢侈品品牌在新媒体上投放广告资金已经超过了 4000 万元，较往年增长了

10倍以上。新媒体为品牌提供了新的广告平台与传播渠道，已经逐渐取代了传统媒体的重要地位。

图6-1　促销的广告载体

6.1.2 确保品牌美誉度的促销原则

促销作为一种长期性策略，肩负着品牌建设的任务。促销活动一定要有一个主题，这是整个促销活动的灵魂，目的在于提高品牌美誉度。因此，做促销要考虑品牌效应、库存效应、给顾客的优惠以及对品牌的推广。

正所谓"得京沪者得天下"，在一线城市北京、上海，促销要以提升品牌影响力为首要任务，促销活动围绕着提升品牌影响力而展开，同时，避免过多的特卖活动对品牌发展产生负面影响。在二线城市，促销更多地以特卖的形式进行。

我们要特别关注促销的时间节奏，高频率的折扣促销容易使品牌价值在短期内暴跌，使品牌在很长一段时间内无法恢复元气。因此，即使是库满为患的时候，也要控制促销的针对性、区域性和阶段性，掌握好时间节点，时间一到立即恢复原价。

此外，广义促销——饥饿营销法也是提升品牌美誉度的有效途径。饥饿营销调动了人们的消费胃口，使消费者时刻处于饥饿状态，越是得不到的东西越是想得到，越是难得到的东西越珍惜，顾客的消费意愿也就愈加强烈。

案例 6-1：爱马仕饥饿营销法

在全球经济萧条、奢侈品不景气的年代，爱马仕的饥饿营销法使其销售业绩良好，销售额不减反增，2011 年销售额达到 37.8 亿美元，同比增长 18.3%，创下历史新高。该策略充分激发消费者的购买欲望，唤醒消费者潜意识中"物以稀为贵"的消费认知，并产生了更强的购买冲动。消费者愿意经过半年，甚至 2 年的等待，定制一个"手袋之王"——爱马仕 birkin 包，彰显与众不同的身份地位。

2013 年初，Mary 在法国巴黎定制了一个爱马仕 birkin 包，约 6000 欧元，该产品在中国的售价约 10 万元。经过半年的等待，7 月中旬 Mary 终于收到了爱马仕的邮件，邮件中告知购包者本人需在 8 月 10 日前亲自到法国巴黎取包，如到期未取，将会把此包转售给他人。若委托他人代取，则需要具备四样证件：一是购买者的护照复印件；二是代取人的护照复印件；三是爱马仕的代取委托书；四是代取人需持有爱马仕发给购买者的取包确认邮件。虽然代取过程如此繁琐，Mary 还是不愿意放弃等待了半年之久的爱马仕 birkin 包，而且价格相比于在中国购买有很大的优惠。于是她通过各种途径找到朋友帮她代取此包。就是这样的饥饿营销，让爱马仕深受大家的宠爱，把物以稀为贵做到了极致（图 6-2）。

图 6-2　案例配图

6.1.3 促销的评估方法

首先，打开品牌的 ERP 系统，以促销的销售数据来评估促销的效果。以市场份额指标为例，记录如下几个数据：促销前的、促销期间的、促销结束时的、促销结束一段时间后稳定的市场份额。若促销前的市场份额 5%，促销期间升至 8%，促销结束时降到 4%，促销结束后一段时间后稳定且回升到了 6%，则说明该公司的促销吸引了新的消费者，同时刺激了原有消费者更多的消费。促销的理想效果是让老顾客更加忠诚于品牌，竞争品牌或替代品牌的顾客来尝试本品牌较优产品并变成永久顾客，促销结束后的销售能恢复正常。

其次，在促销的顾客中做调查，看看促销对他们未来购买服装时对品牌的选择有何影响。理想的促销不仅让顾客享受到优惠的折扣，也要让他们认可品牌产品，并获得更大的满足。

最后，促销成本的核算也是促销评估很重要的一项内容。一般情况下，促销成本控制在销售业绩的 20% 以内。促销成本包括：道具费用、媒体支出、公关费用、人力成本、促销礼品、特别生产管理费、给予零售商的额外交易折让补贴等。

在评估促销的过程中，要客观地看待促销效果的正负两面性，要特别关注一些负面影响的因素，包括顾客品牌忠诚度的降低、促销顾客的非目标群体等，以便在未来的促销企划与实施中将负面因素降到最低。

6.2提升品牌知名度的促销策略

6.2.1 大型促销活动

大型促销活动是提升品牌知名度的有效手段，常见的大型促销活动有大型推介活动、大型综艺活动和慈善公益活动，最多见的形式是将大型推介和大型综艺活动合二为一，开展大型巡展活动。

大型促销活动通过一定的活动和事件，使品牌成为大众关心的热点，并通过媒体的报道和传播吸引公众参与，从而达到提升品牌形象和扩大销售业绩的目的。

大型促销活动主要有以下四点策略：

（1）以品牌形象为基准进行推广活动。

（2）以特卖为手段提升品牌影响力。

（3）以媒体曝光为途径吸引公众目光。

（4）以新品推介为平台开展新品的市场推广。

6.2.2 大型巡展活动

大型巡展时，服装品牌公司要分析自身的条件进而建立适当的巡展方案。假设 S 品牌有 100 家门店，需要在上半年度选出 20 家店做巡展，计划销售额达 1000 万元。以此目标建立巡展方案，首先针对 1000 万元的目标销售额，分析货品的库存结构，并根据各个城市的商品主打类别来确定巡展促销货品的构成。操作步骤上，第一，选择合适的 20 家店；第二，考虑各店的促销货品总量；第三，要考虑各家店货品结构的差异。

制定大型巡展活动的计划时，可考虑以下 5 个方面的影响因素：

（1）学习国际化妆品品牌的经验，在新品推出前一年进行市场调研，详细了解并分析各大商场的促销方案和时间节点，避免与商场的促销活动冲突，造成品牌活动被打压，以此选择合适的促销时机。

（2）分析品牌在哪个城市的影响力最大，在哪个城市的店铺数量最多，在哪个店铺 VIP 所占比例最多，市场占有率是多少，以此选择合适的店铺。

（3）明确品牌巡展活动的定位，针对不同的城市、店铺类别，计划进行以品牌推广、打折、新品推介、顾客黏合等为主导的促销活动，以此确定促销的形式。

（4）了解商场的属性类别及其媒体影响力，确定商场能否为品牌促销活动提供档期、场地及其他条件（如分享 VIP 资源、短信互动等），以此细化促销方案。

（5）计算巡展活动经费，包括道具费用、媒体支出、公关费用、人力成本、促销礼品等，以此控制成本并在促销活动后作为促销评估的依据。

案例 6-2：S 品牌 10 周年大型巡展活动

2011 年 S 品牌男装为庆祝进军中国市场 10 周年，在长春、上海、重庆、长沙、武汉等七大城市举办了九场大型巡展活动（图 6-3、图 6-4）。

首站长春活动现场时，S 品牌用其精湛的手工技艺制作了高达 6.5 米的全球超大成品西装，这套西装由八位知名的成衣大师耗时两个多月打造，花费约 80 套常规西装面料，旨在为大家呈现 S 品牌款式简约、风格儒雅、低调沉稳、极致奢华的经典着装理念。这套全球超大成品西装欲申请吉尼斯世界纪录。"好的产品，如同有生命力的艺术品，永远被人欣赏。我们要像塑造艺术品一样地去做好产品，创造经典的品牌内涵和精神。"这是 S 品牌男装长久以来秉承的制衣之道。这次展出的大西装正是对以上话语的完美见证。

上海站巡展在上海最佳景观场地"一滴水码头"典雅展放，上演了一场解读 S 品牌男人岁月经纬的时尚大秀"纵横·时"——"纵，事业成就；横，魅力生活"。其间，甄子丹、李宗盛、主持胡一虎等时尚明星及商界名流皆有出席，并有超模张亮、纪焕博、傅正等在"纵横·时"的秀台上展示 S 品牌经典男装。S 品牌男装也成为继 Cartier、梅赛德斯奔驰、宝马等在此地开辟盛宴的第一男装品牌。通过此次活动，S 品牌男装被更多媒体乃至消费者、商家所知。

图6-3　S品牌10周年长春大西装展出　　图6-4　S品牌10周年上海巡展活动现场

除了服装品牌公司做的大型巡展活动，服装行业机构的大型巡展活动则更侧重于展示品牌、传播品牌。

案例6-3："以中国品牌为荣"大型巡展活动

从中国成功加入世界贸易组织，迎战后配额时代到来之时起，中国服装业如何利用机遇迎接挑战就已成为业内关注的焦点。与此同时，中国优秀服装品牌在品质和设计方面与世界品牌的不相上下的状态并未在社会上、在消费者中间获得应有的地位和广泛的认同，在高端商业零售领域也常常被排斥到边缘位置。如何改变这一现状，如何在内部提升的基础上让这一提升博得更广泛的社会认同，是摆在中国服装业者面前新的课题，也是关系到中国服装品牌未来发展走向的关键所在，更是中国服装品牌创建下一代全球强势品牌的核心问题。

2005年5月在首届"中国服装品牌年度大奖"成功举办后，中国服装协会以此为基础组织了"以中国品牌为荣"系列活动。该活动的目的是集合中国服装业界的高端优秀品牌，在"以中国品牌为荣"的旗帜下，将其整体形象全面推向社会，不断推陈出新、不断提升，逐次展现中国品牌力量，促进中国服装优秀品牌团队的缔造和中国优秀服装品牌风格的形成，打造中国品牌的高端地位，倡导消费中国品牌的潮流，使社会重新认识并认可这一群品牌的先锋作用，进而牢固树立中国品牌的价值与地位，从而推动服装行业的整体发展。

为此，中国服装协会与各高端优秀品牌的企业家紧密探讨，并吸取各方建议，逐渐形成了"以中国品牌为荣"系列活动的模式，即：以品牌集群创意秀的形式，辅以大量时尚、社会媒体的宣传，在全国各重点城市的大型文化活动或服装节举办期间进行巡演推广。每次活动冠以不同的四字名称，名称结合高端品牌的地位和城市的文化特点确定。2005年至2007年三年内该系列活动分别在北京、上海、法国巴黎、虎门相继举办了5次，分别是："光耀东方""星映江天""冠染枫华""华丽塞纳"和"龙聚虎门"。五次活动成功举办不仅得到了广大媒体的关注与报道，也获得了业界人士的认可。

6.2.3 慈善公益活动

慈善促销亦称公益事业营销，是大型促销活动的一种，它有多种形式，如赈灾扶贫、捐资助教、弘扬文化、体育赞助等。为了筹集资金，许多慈善机构和企业联合开展活动，在联合活动中，慈善机构吸引特定的市场人群并募集善款，企业借此扩大品牌影响力并提升销售业绩，消费者则在购买服装产品的同时满足为社会及环境做贡献的意愿，由此实现多赢。

案例6-4：H&M 的 "All For Children" 计划

2009年，H&M携手联合国儿童基金会UNICEF（United Nations International Children's Emergency Fund, ）发起"一切为了孩子"计划 (All For Children)。这项为期五年的计划旨在维护世界上最贫穷的儿童权益，为儿童提供教育，力求从根源上杜绝童工问题，改善他们的医疗条件并加强其营养。为了给UNICEF的"All for Children"公益项目筹款，Lanvin艺术总监Alber Elbaz特别设计了一款环保棉手袋。这款手袋已于2010年11月和Lanvin for H&M系列同时亮相，成为H&M环保手袋的第五款产品。此款UNICEF手袋在H&M女装店铺均有出售，其30%的销售收入用于捐助"All for Children"计划[52]（图6-5）。

2012年9月，H&M还推出特别的时尚童装系列，以支持UNICEF的"All for Children"计划。"All for Children"系列已在全球160家H&M专卖店及网上发售，其25%的销售收入直接用于捐助UNICEF项目，为贫困社区的儿童倡导教育和保护权益[53]。

2013年10月，著名跳水运动员田亮的女儿田雨橙（Cindy），参与湖南卫视《爸爸去哪儿》节目录制，因为外表萝莉，所以被网友评为"能量小萝莉"。在"爸爸去哪儿"中惹人疼爱的小天使Cindy所穿的套装正是来自H&M All For Children限量童装系列[54]（图6-6）。

图 6-5 Lanvin 为 H&M 与 UNICEF 携手的慈善项目 "All for Children" 环保棉手袋

图 6-6 田雨橙 Cindy 身穿 H&M All for children 限量童装系列

案例 6-5：RED 案例

为了解决慈善"全球基金"经费问题，2006 年 1 月，全球经济论坛上，U2 乐队主唱 Bono 和慈善团体 DATA 主席 Bobby Shriver 最初提出：红色产品（PRODUCT RED）。

大胆设想：假如要让企业贡献出充足的经费，就必须要让他们能够从计划中看到利益。

在国际上，企业承担社会责任，倡导公平贸易的浪潮一浪高过一浪，如何解决品牌社会责任和投资者利益的矛盾，是各个大企业大品牌共同关心的话题。

Bono 和 Bobby Shriver 由此诞生了一个伟大的想法：创立一个全新的品牌——（RED），此品牌不属于任何一个企业所有，参与 RED 计划的企业只能根据授权，进行贴牌生产来销售红色产品（PRODUCT RED）。同时，捐出一部分营业收入给"全球基金"。贴上（RED）品牌，意味着多一种选择来解决原有品牌社会责任和投资者之间的矛盾。

经过三年的成功游说，GAP、阿玛尼、匡威和美国运通四大品牌（后期 iPod 加盟）参与（RED）品牌，并于 2006 年年初在英国市场首次推出（RED）产品。

品牌档案

名称：（RED）

时间：2006年3月诞生

国别：英国创立，随后进入美国，伴随着它旗下的这些全球品牌产品已进入多个国家和地区。

行业：涉及金融、服装、手机、音乐播放器、鞋业、礼品等多个行业。

主导产品：信用卡、服装、太阳镜、音乐播放器、手机、鞋子、贺卡等。

价位：与原品牌同类产品价格一致。

目标消费者：良心顾客。

主不可以怒而兴师，将不可以愠而攻战。合于利而动，不合于利而止。怒可以复喜，愠可以复说，亡国不可以复存，死者不可以复生。故明主慎之，良将警之。此安国全军之道也。

摘自《孙子兵法》火攻第十二

6.3 提高产品销售量的促销策略

6.3.1 节假日促销

　　一年中有6个节假日是商场的常规促销活动日，分别是元旦节、情人节、劳动节、中秋节、国庆节以及圣诞节。元旦是辞旧迎新的节日，是各大商场举行促销活动的良机；情人节是表达爱意与浪漫的节日，可推出情侣主题产品；劳动节与国庆节为黄金旅游时期，相对于其他节日，客流量较大，游客的消费比例很高，此时品牌适合开展促销活动；圣诞节在中国已经被广泛接受，商场也会在节日前后推出相关活动。

　　节假日活动需要用特定的场景布置来配合，场景到位了、主题明确了，促销力度才能大，促销效果才能明显。场景布置中包括音乐、POP 等。音乐营销是企业利用音乐艺术的特征，增强与消费者的沟通和交流，满足消费者的需求，促进产品销售，达到企业目标的过程。常用的 POP 为短期的促销使用，它的形式有户外招牌、展板、橱窗海报、店内台牌、价目表、吊旗、甚至是立体卡通模型等。其表现形式夸张幽默，色彩强烈，能有效地吸引顾客的视点并唤起购买欲。

　　需要注意的是，虽然节假日客流量很大，但此时各大商场都在做买减、买送、打折等活动，若做巡展就可能导致事倍功半。当所有品牌都在打价格战时，做巡展是件吃力不讨好的事情。

案例 6-6：节假日促销——久光福袋

福袋来源于日本，是将多件商品装入布袋或纸盒中，进行搭配销售，售价远低于袋中商品总价。福袋是久光推出的节假日促销活动之一，也是久光独有的特色。每年久光福袋都是限时限量发售，因此想购买福袋的顾客只能在每个发售日早上，在久光边门排队领取福袋券，且每人每次限领一张，想要多领只能再次排队。在商场开门后顾客可凭领取的福袋券去专柜购买福袋，若十一点后福袋还未售罄即使没有福袋券也可购买（图6-7）。

图6-7　2013年9月29日上海久光福袋券发售现场

案例 6-7　S品牌2013年各大节日促销规划表

月份	5月	6月	9月	10月	12月	1月	2月	
节庆	劳动节	端午节	中秋节	国庆节	圣诞	元旦	新年	情人节
日期	4.30	6.7	9.6	9.30	12.10	1.24	2.7	
周期（天）	7-14	7	10-15	7-10	15-20	15-20	7-10	
形式	折扣+满赠	折扣	满赠	折扣	满赠		量赠	满赠
赠品内容	满2888送健身套装		满3888赠烟具套餐	满3888赠礼盒套装	满3888赠羊毛围巾	购2件赠沙漏茶壶	满4888赠情侣手套满3888赠情侣公仔熊	

6.3.2 换季促销

换季促销最重要的是做好数据分析，利用上一年度的销售情况对本年度进行预估。以 2013 年春季为例，首先要了解当年上货时间安排，一般 1 月初为上新货波段，3 月为销售旺季，4 月底为换季波段。然后根据 2012 年 1-4 月的销售报告分析各品类的畅销程度，预估今年春季货品的库存情况。最后分析这些库存如何通过 7 个渠道（A 类店、B 类店、C 类店、奥特莱斯、大型小型特卖场、员工内购会、线上商城）进行促销。

此外，线上商城和线下商场的折扣力度如何统一，线上商城怎样将线下滞销品提前预热起来，这些都将依赖销售数据的分析。

6.3.3 大型特卖会

特卖会最主要的一点是看有哪些 VIP 资源可以利用，怎么去发挥这些信息的能量。

案例 6-8：2013 年 S 品牌冬季特卖会

S 品牌 2013 年 11 月的冬季特卖会情况并不理想，未达到业绩指标。其原因主要有三点：第一，2013 年国家下令屏蔽短信平台，这使得特卖会信息未能及时、有效、全面地传递给 VIP；第二，S 品牌特卖的时间过早，普遍单价较高的冬季服装很难卖出；第三，员工在 11 月还未拿到年终奖，所以也不会过渡消费。人的欲望只会在特定的情况下产生，比如天气变冷、节假日、工资／年终奖发放。特卖需要选择合适的节气，冬季特卖会的时间可选择在十二月底一月初举行。

6.3.4 "双 11""双 12"活动

"双 11"是指每年的 11 月 11 日，由于日期特殊，因此又被称为光棍节。自 2009 年起，当"双 11"变成网购盛宴的代名词时，各大购物网站一般会利用这一天来进行一些大规模的打折促销活动，以提高销售业绩。这一天，消费者释放出来的购物能量也是极其惊人的。2014 年 11 月 11 日，阿里"双 11"全天交易额达到 571 亿元。

"双 12"是由"双 11"衍生出来的，在 12 月 12 日，进行和"双 11"类似的打折促销活动，这一天的促销活动，也从线上延伸到了线下。

孙子曰：凡用兵之法，将受命于君，合军聚合。泛地无舍，衢地合交，绝地无留，围地则谋，死地则战，途有所不由，军有所不击，城有所不攻，地有所不争，君命有所不受。

摘自《孙子兵法》九变第八

6.4 日常实体店的促销

6.4.1 地点

实体店的促销可在 A、B、C、D、E、F 6 类店铺进行。A 类店地理位置好、销售业绩好、商场知名度高、客流量大，因店铺需要提升品牌形象，确保品牌美誉度，上货产品应为当季新品，因此不放促销品；B 类店地理位置一般、业绩尚可，店铺新品中加入少量促销品；C 类店地理位置较差、盈利较少，平日活动打折力度较大，可多放促销品；D 类店为奥特莱斯折扣店，只放置促销品；E 类店为花车、龙门架构成的特卖场或特卖区；F 类店为员购会，两者都是在特定的时间开展促销活动。

库存货品分配到各类店铺的具体数量，则需要依据店铺地理位置、店铺面积和促销业绩指标进行计算。

6.4.2 时间

在 A、B、C、D、E、F 6 类店铺中，仅有奥特莱斯不考虑促销的时间节点，其他 5 类店铺都要考虑促销的时间节点。

促销的时间节点很重要，如果 1 月左右上春装新货，那么 4 月底 5 月初就要考虑做春季货品的换季促销；7、8 月份就要考虑做夏季货品的换季促销；商场的店庆、品牌创建周年等也是服装公司需要考虑的促销时间节点。

6.4.3 形式

促销的目的是引发、刺激消费者产生购买欲望。在消费者可支配收入既定的条件下，消费者是否产生购买行为主要取决于消费者的购买欲望，而消费者的购买欲望又与外界的刺激、诱导密不可分。促销正是针对这一特点，通过各种传播方式把产品等相关信息传递给消费者，以激发其购买欲望，使其产生购买行为。促销的形式通常有打折促销、节日活动促销、新品买赠活动和连带销售四种。

1）打折促销

促销对品牌内部来讲是库存清理，对外部来讲是给顾客的一种优惠，并以此吸引顾客，而从品牌价值层面考虑，就是品牌的推广。打折促销是多元化的，可以有买赠、买减、买送，还有直接打折。

2）节日活动促销

法定节假日如元旦、春节、劳动节、国庆节等都是有效的促销时机，它会给商店带来很大的客流。一年中52周的104个休息日也同样重要，双休日的销售往往是一周销售的高潮。因此，节假日和双休日是进行促销最为有效的时机。

3）新品买赠活动

新品上市时，怎样嫁接新品，做好连带销售非常重要。因为新品不能打折，否则会降低品牌美誉度，而不打折时，我们需要有别的促销策略来吸引顾客，让顾客尝到甜头。比如"诱饵式营销"，凡钓过鱼的人都知道，要钓鱼，既要在选择的钓点上撒些饵料，又要在钓钩上挂上鱼喜欢吃的东西，这样才能引诱鱼来上钩。把这一方法运用到营销中，我们就称其为"诱饵式营销"。很多品牌在开发新品时，都会采用这种促销手段。比如顾客在买西装的时候，会因为搭配在某款西装上一个领结很漂亮，而觉得这套西服非常好看，其实领结是诱饵，西装才是大鱼，领结起到了画龙点睛的作用。那么赠送礼品也是一样的道理，商家做诱饵，最终是为了达成大单的连带销售。因此，在新品上市时，礼品开发非常重要，它需要创意设计，吸引顾客眼球从而诱导客人消费，进而提高客单价。

案例 6-9：促销形式——新品满赠连带销售

某品牌在2013年秋冬新品上货时推出了满2000元送咖啡对杯活动。顾客已经购买了总价1599元的裤子和衬衫，导购A表现如下：

导购A："先生您好，您现在已经购买了1599元，当您买满2000元时，我们就会赠送您精美咖啡对杯一套，我刚刚看了一下，我们这有一双鞋特别的适合您买的裤子和衬衫，而且价格很合适，全套加在一起2199元，刚好可以获得咖啡对杯一套，您不妨试一下。"

最后顾客购买了裤子、衬衫和鞋子全套，买赠活动的诱惑以及导购A的连带销售意识促成了这笔销售。

4）连带销售

有效的促销活动可以调整顾客需求进而引导顾客消费。做好连带销售可以提升毛利率、业绩、商场排名、口碑、品牌知名度，还包括加强员工自信心。30% 的连带销售就可以给公司带来 100% 的收益。不仅如此，做好连带搭配很大程度上可以加深顾客对品牌的印象。连带搭配可以提升一个人的品味，如果整套服装都来自同一个品牌，整体形象比较有协调感，反之鞋子或者某个小细节没有搭配好，整体的感觉就会变味。

连带销售从终端销售人员的管理开始：公司做促销不只是针对顾客，这样的工作在导购小组中就已经开始了。在导购工资体系中，公司可以增加一项连带销售奖，在这套管理制度下，连带销售越高，提成越高。如果导购一次性卖出两件或两件以上的商品，公司将会给予一定的奖励；如果一次性只卖出一件商品是无法得到连带销售奖的，这样可以激励导购说服顾客进行连带消费。

在这样的促销模式下，公司与导购、顾客之间的关系可以这样理解：给导购连带销售提成，品牌向导购做了初步促销，导购向顾客推荐连带商品，实现品牌的最终促销。公司与顾客之间的关系是间接的，中间要通过导购的环节，为实现盈利就应该要让整条线路畅通。公司从导购开始，再到顾客，进而做到全面的促销。

连带销售从订货会开始：在订货会开始前，品牌公司需要做哪些事情？首先，不要把订货会场当作一个会议，而要把它当成一个店铺。虽然订货会面对的是加盟商等中间消费者，但之后他们要把订的货品要销售给顾客。其次，品牌公司需要把数据分析做好，然后对每个波段的货品进行展示，对商品进行介绍，模特走秀，让客户了解产品信息，即今年推出了什么，主题系列是什么，面料有什么功能特性等。最后，最重要的就是要做好搭配，比如说一件衣服配搭什么鞋子，配搭什么包，配搭什么裤子，还有内搭是什么。在订货会的现场，除了要把货品挂出来以外，还要把全部组合好的货品进行拍照。把加盟商当成是顾客，他们过来订货就像是顾客去店铺买衣服一样。只不过买衣服是零售，订货会是批发。那么在批发的过程中，公司就要指导怎么去做连带搭配，而且要知道每一件衣服未来成交的毛利率是多少，如果毛利率高就做主推。因为毛利率越高，公司的利润就越丰厚。在订货会当中让所有的客户学好连带搭配，这样他们把货品拿到店铺中，就能把一套套完美的搭配呈现在顾客面前，以便在日后可以向顾客进行连带销售。

案例 6-10：促销形式——从卖鱼线到买游艇的连带销售

一位百货公司的销售员，快下班时，老板问："今天做了多少买卖？""一单，"年轻人回答说。"只有一单？"老板很吃惊地说，"怎么这么少？别的售货员一天基本上可以完成 20 到 30 单生意呢。你卖了多少钱？""300 000 美元，"年轻人回答道。"你怎么卖到那么多钱的？"，老板目瞪口呆的问道。

年轻人说，"一位男士进来买东西，我先卖给他一个小号的鱼钩，然后中号的鱼钩，最后大号的鱼钩。接着，我卖给他小号的鱼线，中号的鱼线，最后是大号的鱼线。我问他上哪儿钓鱼，他说海边。我建议他买条船，所以我带他到卖船的专柜，卖给他长 20 英尺有两个发动机的纵帆船。然后他说他的大众牌汽车可能拖不动这么大的船。我于是带他去汽车销售区，卖给他一辆丰田新款豪华型巡洋舰"。老板难以置信地问道："一个顾客仅仅来买个鱼钩，你就能卖给他这么多东西？""不是的，"年轻售货员回答道，"他是来给他妻子买卫生棉的。我就告诉他："你的周末算是毁了，干吗不去钓鱼呢？"

这个故事中的小伙子把连带销售做到了极致，而我们最需要的就是拥有具有这样连带销售意识和能力的导购。

注释：

[44] 菲利普·科特勒. 营销管理——分析、计划、执行和控制 [M]. 上海：上海人民出版社, 第 9 版.

[45] 菲利普·科特勒. 营销管理——分析、计划、执行和控制 [M]. 上海：上海人民出版社, 第 9 版.

[46] 菲利普·科特勒. 营销管理——分析、计划、执行和控制 [M]. 上海：上海人民出版社, 第 9 版.

[47] 百度百科. 饥饿营销法, http://baike.baidu.com/view/1107226.htm.

[48] 邓明新. 情感营销：技能案例训练手册 [M]. 北京：北京工业大学出版社, 2008.

[49] 祝银寿. 情感营销 [M]. 成都：西南财经大学出版社, 2007.

[50] 曼昆. 经济学原理 [M]. 北京：北京大学出版社, 1999.

[51] 曼昆. 经济学原理 [M]. 北京：北京大学出版社, 1999.

[52] 汪伊波. Lanvin 为 H&M 设计慈善环保袋. http://www.efu.com.cn/edu/newsview-117744-1.html,2010/12/02.

[53] Veronica Wu.H&M 联手 UNICEF 推出 ALL FOR CHILDREN 童装系列. http://www.vogue.com.cn/ invogue/industry/14746.html,2011/6/14.

[54] 编辑. 田雨橙 Cindy 身穿 H&M All For Children 限量童装系列. http://q.chinasspp.com/1-49014. html,2013.

第七篇

人力资源攻略篇

人力资源攻略篇是本书的最后一大攻略，也是最重要的内容。"人心向背"是营销的最高境界。从投资者到经营者，从管理层到一线员工，步调一致才能战无不胜。世界上有两件难事：第一件，将经营理念植入到每一个员工头脑中；第二件，将品牌产品让每一个顾客心甘情愿地接受并消费。这就是本书的目标。

MARY 对人力资源的解读

　　企业成功之道解读起来是简单的。虽然具体的法则很少，但是必须
一一遵守。经营者如果能够依照这些法则来经营，那么消费者将自然顺应
企业的号召。如同天地间阴阳之气相合就会降下甘露一样，消费者也会自
然云集在您的品牌旗下。经营企业一开始就要建立一套管理体制，制定各
种制度来确定各种岗位。通过任命各级管理干部，来明确其工作范围。岗
位一旦确立，就要建立制约机制。通过明确每个岗位职责，就能规避企业
的经营风险。就像河川溪水都归江流一样，企业成功之道始终是企业立足
之本。

道常无名，朴。虽小，天下莫能臣。候王若能守之，万物将自宾。天地相合，以降甘露，民莫之令而自均。始制有名，名亦既有，夫亦将知止，知止可以不殆。譬道之在天下，犹川谷之于江海。

——摘自《道德经》第三十二章

　　[译文]：“道”永远是无名而质朴的，它虽然很小不可见，天下没有谁能使它服从自己。侯王如果能够依照“道”的原则治理天下，百姓们将会自然地归从于它。天地间阴阳之气相合，就会降下甘露，人们不必指使它而会自然均匀。治理天下就要建立一种管理体制，制定各种制度确定各种名分，任命各级官长办事。名分既然有了，就要有所制约，适可而止，知道制约、适可而止，就没有什么危险了。“道”存在于天下，就像江海，一切河川溪水都归流于它，使万物自然宾服。

零售业人力资源管理

零售业人力资源管理涉及人员的招聘、甄选、培训、薪酬以及在零售商的组织结构和战略组合相吻合的基础上进行的人事监督[55]。

绩效管理

绩效管理是一种提高组织内员工的绩效并开发团队、个人潜能，使组织不断获得成功的管理思想和具有战略意义的管理方法[56]。

人员考核

人员考核是指对在职人员的品德、能力、知识等内在素质和工作态度、工作能力与工作业绩的一种考核与评定[57]。

考核种类

企业人员考评具有多种目的，根据不同的考核要求，考评对象、内容会有所不同。企业中常见的考评种类为奖金考评、提薪考评、职务考评和晋升考评[58]。

激励管理

一定的激励会产生一定的努力，它将导致相应的工作绩效。但此绩效对员工而言只是一个结果，是工具性的。通过达到一定绩效，可以获得所期望的薪酬，这些结果才是员工的真正目标。这些奖酬的取得会使员工更加满意[59]。

双因素理论

双因素理论认为引起人们工作动机的因素主要有两个：一是激励因素，二是保健因素。只有激励因素才能够给人们带来满意感，而保健因素只能消除人们的不满，但不会带来满意感[60]。

7.1 品牌决策层的品牌理念和品牌定位

在实际运作中，往往存在着一个无法回避的事实：面对品牌经营中的同一个问题，决策层、管理层和操作者三者的看法和做法会存在着巨大差异，有时甚至会发生激烈的冲突。引起这种差异或冲突的根源就是决策层的品牌理念和品牌定位没有获得管理层或操作层的深刻理解和普遍接受。

品牌理念通常由三部分构成：未来的品牌使命、近期的经营思想和倡导的行为准则。如果决策层的品牌理念没有建立在"社会普遍认同""体现企业自身特征"基础上，不仅会使设定的"促使并保持企业正常运作和高速发展"经营目标无法实现，而且所构建的"反映品牌经营意识的价值体系"成为空中楼阁。如果管理层始终不能认同决策层的品牌理念，那么，未来一定会演变成品牌的灾难。

品牌定位则以目标市场的特定消费者为对象，通过名称标志、款式风格、品类组合、单品开发、材质工艺、价格设定、分销模式、店装形象等内容给以全方位表达。正如《广告功心战略——品牌定位》的作者里斯和特劳特指出的那样：定位是以产品为出发点，为品牌在消费者的大脑中确定一个合适的位置。

7.2品牌决策层

决定近期或未来品牌走向的管理团队，通常称为品牌的决策层。品牌决策层一般由①品牌经理；②销售总监；③设计总监（主设计师）；④财务总监；⑤行政经理等人员组成。由于决策层人员的不同工作性质、目标和背景，常常会因为一个新决策，引发不同的判断、意见和争论。为此，建立服装品牌的议事规则或原则是品牌决策层高效运营的基本保证。

正如伊维斯·杜布莱尔在《工业与技术》中断言的那样：如果每个职能部门都使其成本达到最佳水平，则必然对一个项目的总成本产生不利。相反，如果所有的部门集体攻克一个项目，则解决的方案极有可能是最佳的。在品牌决策中，我们似乎也应该遵循伊维斯·杜布莱尔的这一原则，以品牌建设与整体发展为宗旨，整合各部门的优势和资源，使每一个阶段任务或实施项目达到最优（图7-1）。

图7-1　品牌决策层会议场景

7.2.1 品牌经理

1931 年，美国宝洁公司负责"佳美"牌香皂销售的麦克尔罗伊创建了"品牌经理"这一概念，即一个品牌经理必须承担本品牌的全部产品销售管理工作。经过长期的理论与实践，品牌经理已经发展出包括创立、维护、链接和组合等多种类型。

在中国，如果服装企业为单一品牌经营，则品牌经理通常由总经理担任。拥有服装品牌的整体规划、产品研发、沟通合作、市场判断和业绩评估等综合能力是服装品牌经理的基础条件。如果服装企业开展多品牌经营，则由"品牌总监"下设"品牌经理"管理模式组成。

服装品牌经理的日常工作，参见表 7-1。

表 7-1 服装品牌经理的日常工作一览表

编号	日常具体工作内容
1	编制品牌中长期发展战略规划
2	制订品牌短期拓展计划和年度全国促销方案
3	规划年度品牌推广计划、投入费用预算以及损益预估等
4	做好代表性地区的目标消费群调查和竞争品牌的跟踪调查
5	提升品牌竞争力，依据销售数据，结合流行趋势，改良常销产品，开发新产品
6	追踪各地销售状况，撰写分区域推动计划
7	总结年度市场经营状况，提出下一年度经营目标
8	根据品牌业绩评估条例，考核分管部下

7.2.2 销售总监

在充分了解、沟通的基础上，销售总监的职责就是将多年积累的市场经验和综合优势，与企业的战略意图、理念定位、资源结构和管理规则等方面形成高度一致。切不可自以为是，我行我素。

销售总监必须明白：得不到各部门配合支持的销售工作是一定做不好的。

服装销售总监的日常工作，参见表 7-2。

表 7-2 服装销售总监的日常工作一览表

编号	日常具体工作内容
1	调研和考察各地现有市场和潜在市场
2	督促、指导和培养各地销售经理（专员）的日常管理工作
3	策划年度品牌推广、参展等大客户促进活动
4	制定，落实和总结年度、季度、月度销售计划
5	组织年度、季度、月度销售经理（专员）或导购的绩效考核
6	制定、实施相关促销优惠活动
7	组织各类销售人员的专业培训

7.2.3 设计总监（主设计师）

在国内，绝大多数商业品牌企业的设计团队由设计总监领衔。当然，部分设计师品牌企业则设立主设计师。

设计总监主要开展六个方面的工作：①坚守品牌定位；②判断市场趋势；③挖掘流行元素；④制定设计流程；⑤控制研发进程；⑥培训设计团队。从上述工作进程，我们可以清晰地发现，设计总监始终围绕"品牌——市场——团队"三角而开展工作的。

7.2.4 财务总监

财务总监，也叫首席财务官（CFO），其重要职责就是将品牌经营状况和财务结算报告及时、准确地传达给投资人，让投资人了解公司的实际运作情况。

服装财务总监的日常工作，参见表7-3。

表7-3 服装财务总监的日常工作一览表

编号	日常具体工作内容
1	制定企业财务目标、政策及操作程序，并根据授权向总经理、董事会报告
2	健全财务组织结构，设置岗位，明确职责，保障财务信息质量，降低经管成本
3	对经营目标进行财务描述，提供决策依据，定期审核、计量和防范企业经营风险
4	完善财务内部管理和审计制度，编制企业财务战略、财务管理及内部控制等工作
5	协调与银行、工商、税务、统计、审计等政府部门的关系，维护企业利益
6	审核财务报表，提交财务管理分析报告；参与投资项目的分析、论证和决策；跟踪分析各种财务指标，揭示潜在的经营问题并提供管理当局决策参考
7	确保企业财务体系高效运转，实施年度经营/预算，含资本需求规划及正常运作
8	根据实际状况，制定有效融资计划，利用各种财务手段，优化企业资本结构
9	完成董事会、总经理交办的其他临时工作

7.2.5 行政总监

在服装企业中，行政总监是负责日常事务的最高行政人员。作为服装企业运行的润滑剂，行政总监的主要职责就是确保企业各部门高速运营。

服装行政总监的日常工作，参见表7-4。

表 7-4 服装行政总监的日常工作一览表

编号	日常具体工作内容
1	参与制订年度和季度预算，汇总、审核、分析和平衡各部门月度预算会议
2	负责企业行政方面重要会议、重大活动的组织筹备工作
3	领导企业后勤服务、防火安全和保卫工作，创造和保持良好的工作环境
4	定期做好办公职能检查，及时发现并解决问题，督促做好纠正和预防措施工作
5	接待重要访客，处理行政重要函件
6	处理企业相关法律事务，指导、监督检查公司保密工作的执行情况
7	负责协同企业系统内部关系，调解工作中发生的问题
8	负责企业管理模式执行、分析和运作，适时向总经理汇报
9	代表公司与外界有关部门和机构联络并保持良好合作关系
10	组织和推动企业文化建设，维护企业与政府人事部门良好的沟通关系

> 三军可夺气，将军可夺心。是故朝气锐，昼气惰，暮气归。善用兵者，避其锐气，击其惰归，此治气者也。以治待乱，以静待哗，此治心者也。
>
> 摘自《孙子兵法》军争第七

7.3 品牌管理层

贯彻执行品牌决策层各项任务的管理团队，通常称为品牌的管理层。品牌管理层一般由①采购经理(买手)；②生产经理；③销售经理；④设计师；⑤企划师；⑥物流经理；⑦市场经理；⑧人事经理；⑨培训师等人员组成。由于管理层人员不同的工作性质、目标和背景，常常会产生各自的"本位主义"。为此，建立服装品牌管理层的运行规则和核心权威尤其重要。

7.3.1 采购经理(买手)

为了完成品牌年度、季度和月度销售指标，服装采购是品牌买手的常规工作。

长期的品牌采购实践，总结了许多买手重点遵守的有效方法和专业技巧。本书为采购经理(买手)提供买手经验口诀和订货经验口诀，参见表7-5、表7-6。

表7-5 买手经验口诀

编号	采购预算	编号	系列组合
1	品牌买手是灵魂	1	熟悉流行讲细节
2	销售好坏就靠他	2	潮流预估采购法
3	每季采买有总量	3	品牌形象要到位
4	预算编制做精细	4	风格理念须熟记
5	各地市场差异大	5	货品组合系列化
6	采购计划莫学样	6	重点要看基本款
7	三类商品分比例	7	下单订货多比较
8	竞争商品是关键	8	特色商品最要紧

表 7-6　订货经验口诀

编号	订货分类和比例	编号	订货数量和次数
1	服装货品分大类	1	订货技巧最讲究
2	订货时时要记牢	2	好坏相差十万里
3	A类货品基本款	3	上季销售细分析
4	款少量大占七成	4	下季订货有保障
5	B类货品形象款	5	一季销售有总量
6	款多量小占二成	6	具体订货分数次
7	C类货品促销款	7	次数过多成本大
8	款少量小占一成	8	一次订货凭眼光

7.3.2 生产经理

对于服装营销来讲，生产经理主要有两大任务：①按时按质完成生产计划；②及时生产市场反映好的热销产品，扩大品牌市场占有率。

7.3.3 销售经理

销售经理是服装市场营销的组织者和执行者。能否有效组织一支敢于奉献、勇于拓展的销售经理团队，是服装品牌经营成败的关键。作为服装营销的关键，每个品牌为此作出了种种探索，积累了许多有效的经验。本书为销售经理提供了经验口诀，参见表 7-7。

表 7-7　销售经理经验口诀

编号	销售经理管理	编号	销售经理技能
1	销售经理责任重	1	业务拓展定计划
2	以身作则树榜样	2	进场谈判是难点
3	关心部下最重要	3	形象销售要兼顾
4	思想工作靠日常	4	位置面积提扣率
5	谈判公关真本领	5	广告费用管理费
6	陈列出样选卖场	6	装修投资算精确
7	货品调配看报表	7	预测销售靠调研
8	资金安全不能忘	8	资金回收须保障

7.3.4 设计师

通常有两种类型的服装设计师会成功：一是对市场敏感度很高的设计师，他们会经常分析研究市场，例如 ZARA 品牌团队有 400 多名设计师，他们每隔两周便会去考察、贴近市场；二是具有设计禀赋的个性化设计师，创造自己的个性品牌，例如三宅一生。但是大部分的服装设计师是随着企业的成功而成功，真正支撑他们成功是公司高层的思想和营销团队的力量，单凭一己之力无法成为成功的服装设计师。

当毕业生刚进入企业时，不应该对薪水有过高的要求，也不能希望自己可以一蹴而就成为设计师。如今大多数服装公司希望刚毕业的大学生或者研究生可以认真工作，无奈赋予他们设计师的头衔。但是毕业生在拥有设计师头衔时，还是需要明确认知并不断提升自我。在学校中所学的理论知识与市场实际相结合时，其实差异很大。所以毕业生刚进入到企业时，可从设计助理的职位做起。助理工作看似含金量不高，却可以让毕业生们快速积累经验，让其职业道路更加顺畅。而对于给应届毕业生赋予设计师头衔的服装公司，其实是对毕业生注入激素，既让他们不健康的填鸭式成长，也阻碍了公司的发展，导致企业走弯路。现在许多服装设计师很自我，他们觉得自己毕业于高校，在公司实际操作时应该按照他们的所学所想去实施。事实是毕业生刚步入公司时大约经过两年的历练才能成为初级设计师，他们需跟着上级、前辈参与一整年的货品设计，才能知晓把握公司整体设计风格。

设计师首先要学会搭配与陈列，因为连带销售的好坏很大程度上取决于设计师在开发货品时的搭配能力。了解市场也是他们的必备功课，此外设计师还需收集开发线索、了解顾客需求、考虑温度营销、擅长面料选择等。设计师不能足不出户，整日只对着电脑绘图，必须经常行走市场，了解国际服装品牌的流行趋势，收集流行音乐、影视作品、家居风格等信息，任何行业的流行元素都可能给服装设计师提供源源不断的灵感。例如2012年的《唐顿庄园》与2013年的《了不起的盖茨比》这两部影视作品，让时尚界刮起了复古风潮。优秀的设计师可以准确预测所在品牌每季的畅销款，善于发现竞争品牌中可以"为我所用"的元素及面料。

设计师还应定期与营销部开会研讨、分析货品、了解库存情况，这样才能使他们的设计更具有方向性。此外，设计师还需向营销部传达每季货品主题，营销部也需定期把销售数据表反馈给设计师。而目前许多公司的设计师90%的时间都是闭门造车，部门之间无沟通，导致他们很多时候没办法把握市场需求，而最了解市场需求的营销部又不能理解设计师想要传达的理念，所以设计部和营销部这两个部门在服装企业中最容易"打架"。陈列部与设计部之间的沟通同样也必不可少，陈列部需要在终端用陈列技巧把设计师的理念转化为视觉效果。当货品、陈列、销售技巧三者合理结合，销售业绩自然得到提升。

7.3.5 企划师

商品企划师要提前告知设计师当季的主打颜色、款式，同时还需深入市场了解品牌终端存在的不足并提出建议。如服装领子过高影响舒适度；九分裤面料太厚，应采用轻薄面料；西装口袋饰品应增加口巾；薄款围巾面料要柔软舒适，厚款围巾面料要注重保暖性；衬衫价格区间太窄，应适当推出高价位产品；皮衣全为长款，应多开发一些短款皮衣供顾客选择等。

不同公司的商品企划人员的所属部门有所不同。若公司没有独立的商品企划部，可根据公司情况将其划分至设计部或商品部。若商品企划人员从属于商品部，则商品部由MP（商品陈列）与MD（商品企划）两部分组成。MP主要负责物流配发；MD是在物流配发之前，了解商品库存量、关注商品质量、安排货品促销计划。如进驻奥特莱斯数量、打折力度、如何统一线上线下价格等。MD还需要经常与导购、店长、业务人员互动，时刻了解终端货品售卖信息；同时还需抽出1/3的工作时间进行终端考察，对市场行情进行归纳总结并提交商品企划报告。

7.3.6 物流经理

物流是服装营销产品供给的生命线。保持持续、有效、合理、及时的物流供应是考核物流经理的重要内容。长期的服装营销实践，有关物流经理的岗位职责已经形成了一整套规范和经验技巧。本书为物流经理提供了经验口诀，参见表7-8。

表7-8 物流经理经验口诀

编号	物流配送程序	编号	物流配送因素
1	重点店铺供货足	1	货品配置讲技巧
2	一般卖场要让步	2	ＡＢＣ类不混乱
3	批发代理须保证	3	第一考虑区域量
4	成败关键配送调	4	第二因素看气候
5	断码产品要集中	5	销售速度最重要
6	特卖货品靠整理	6	调货指令不延迟
7	新品登场分步骤	7	整体调配要慎重
8	一哄而上出问题	8	局部调配要坚决

7.3.7 市场经理

市场经理的核心任务就是确定品牌产品、服务需求、竞争对象和潜在客户。通过对市场调研走访、销售数据分析、竞争品牌评估，提出包括产品开发、价格制定、卖场进退和促销方案等一系列营销策略，来确保品牌利润最大化和客户满意度最大化。

市场经理的工作原则：以事实为依据，靠数据来支撑，全面，准确，理性地分析、描述、评估、建议和设计所经营品牌未来的市场运作策略。

7.3.8 人事经理

在服装企业，人事经理的主要职责就是计划、指导和协调各部门的人事活动，确保人力资源合理利用、及时补充（招聘）、薪资管理、危机人事纠纷等日常处理。

在企业人事管理中，营造良好的劳资关系和健康和谐的企业文化是人事经理的重要工作目标。其中，工作作息和沟通技巧是反映工作质量的重要体现。现摘录某服装企业的作息口诀，参见表7-7。

表7-7　某服装企业员工作息和沟通技巧口诀

编号	员工作息	编号	沟通技巧
1	公司作息有规定	1	介绍对象有中心
2	严格遵守最基本	2	上级下级不颠倒
3	工作时间讲效率	3	尊重女宾要风度
4	加班任务靠自觉	4	灵活机动是公关
5	办公环境是镜子	5	礼貌用语普通话
6	卫生值班定制度	6	工作方便本地话
7	开会必须准时到	7	正规场合客气话
8	工作才能有方向	8	知心朋友家常话

7.3.9 培训师

培训师需要对导购进行服装产品知识和销售技巧的培训。导购的培训分阶段进行，每阶段都会确定一个学习重点。对之前没有相关工作经验的导购，初期为扫盲阶段，让他们对终端销售由不懂逐步到精通。

案例 7-1：Ziotello 培训月刊

Ziotello 培训部每个月都会做月刊，以强调导购每月需要学习的重点。

2013 年 3 月培训重点为增强导购对店铺数据的了解，如库存、产品尺码、整体系列的好卖度。月刊会列出一段示范性的对话：

培训部 A："你好，可以把西服、夹克和裤子的售卖情况和库存情况告诉我吗？"

导购 A："你好，这件西服的货号是 31004，总计上架 10 件，目前已售出 5 件，库存还有 5 件，售卖情况良好。但已经出现断码情况，如 52 码；这件夹克的货号是 31003，总计上架 8 件，目前只售出一件，在我们地区售卖情况不佳，我们可以供货给其他需要的城市；这条裤子的货号是 31005，总计上架 8 条，目前尚未动货，顾客反馈原因是其版型上身效果不太理想。

若 10 月的培训重点是搭配，月刊中则会列举导购需要熟知的 10 套搭配方案并要求在顾客试衣时能立即提供搭配参考意见；若到了 12 月打折月，月刊中则会列举导购需要掌握的品牌促销形式和折扣力度。

通过月刊的形式让导购清晰明了地知道每月的工作重点，既促进了导购的成长也不会使其产生乏味逆反的心理。

此外，培训部需要联动业务人员进行后期的培训效果检查与深化，这样才能循序渐进地促进导购成长。

案例 7-2：Ziotello 业务部绩效考核

Ziotello 终端销售人员的表现往往与所培训的内容差异很大，后来公司高层对此进行了改革，调整培训部的行政级别，使其比业务部高半级或者一级。业务部岗位的应聘者需通过培训部的考试才能进入试用期，试用期结束后也需通过培训部的考核才能正式上岗。那么培训部需要建立一套针对业务人员、店长、导购的完整的考核体系。不同职位有不同的考核标准，这套考核标准也在实际应用过程中不断地修正。假设培训部电话抽查某业务人员所管辖区域的店铺，若导购表现没有达标，那培训部会根据具体情况对该业务人员的绩效考核扣除一定的分数。这样培训部就督促了业务部，让业务人员对终端员工的培训效果更加重视。此外，培训部对店长和导购也会定期电话抽查培训知识，并分别给予考核结果的前三名和后三名店铺一定的奖励和惩罚。如将后三名店铺所交的成长基金奖励给前三名的店铺，这样公司无需多增加支出，就达到了各店铺之间竞争奋进的目的。

7.4 品牌运作层

服装品牌运作层一般包括①打板师和样衣工；②店长和店员；③业务员和售后服务员；④ MD 助理和 VMD 助理等人员组成。作为品牌运作第一线员工，在结合流行元素的基础上，通过款式、展示和服务等环节，准确传达品牌理念和品牌定位。

7.4.1 打板师和样衣工

准确再现设计师的设计意图和细节品味，是打板师和样衣工的核心任务。因此，建立与设计师的良好沟通，熟悉设计师的流行语言，掌握款式呈现的潮流趋势，以及历年热销款式的基础特征，将成为打板师和样衣工的基本职业素养。

此外,打板师和样衣工的密切合作也是推出一流品牌样衣的根本保证。

7.4.2 店长和店员

店铺业绩 70% 以上在于店长的经营能力和对店铺精细化管理。店铺的精细化管理需从以下 8 个方面展开。

（1）总销售额：店长应定出每日每时销售目标，并利用时段会议跟进目标，对时段目标未达成的原因进行分析，通过分析找到解决问题的方法。

（2）畅销款：找出每周的畅销款，确保每位导购了解畅销款的库存情况，分析畅销款畅销的原因并考虑是否有替代款，培训导购畅销款和滞销款搭配销售的技巧。

（3）滞销款：找出每周滞销款，调整滞销款陈列，设定每人每日滞销款销售目标，培训导购寻找滞销款卖点。

（4）人效：通过游戏激发员工的积极性，定期训练员工的专业技能，了解员工的强弱项，按强弱搭配排班。

（5）坪效：检查橱窗及模特是否经常陈列低价位货品，了解导购是否一直在卖低价位货品，以防坪效过低，清晰了解客流量高的地方的销售情况。

（6）连带率：每天计算连带率，为员工设定每日连带率目标，定期训练其对商品的款式及色彩配搭能力。

（7）客单价：培训员工如何回应顾客价格高的异议、高单价货品卖点和陈列规则。

（8）各类货品销售额：通过报表分析货品销售额，并以此进行合理的货品组合。

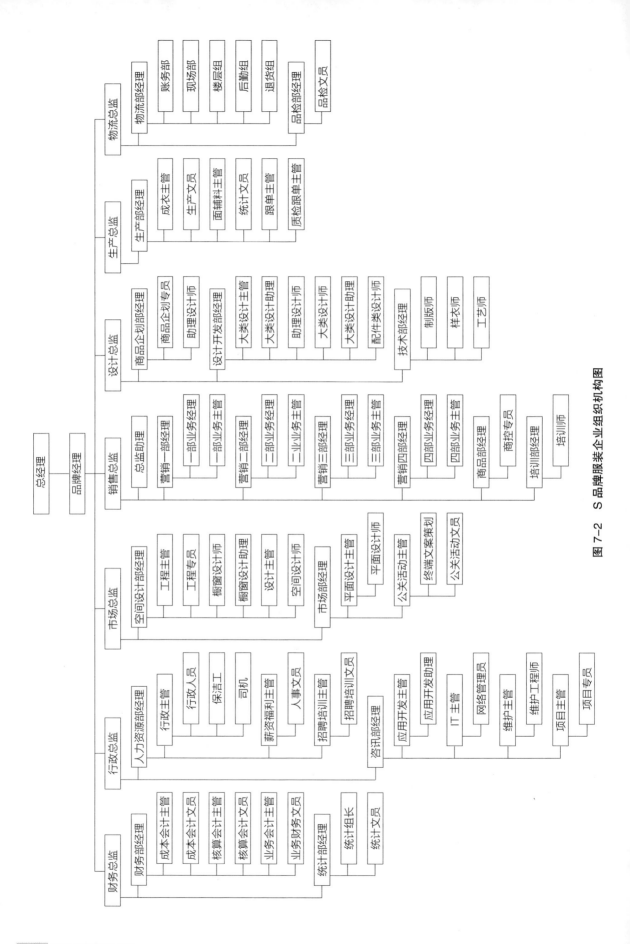

图 7-2　S 品牌服装企业组织机构图

7.5 服装企业管理层和运作层岗位说明实例

为了使读者更深刻了解服装企业的管理层和运作层的岗位特点，本书特选取具有一定规模的 S 品牌服装企业组织架构和岗位设置说明，参见图 7-2、表 7-10。

表 7-10 S 品牌服装企业组织机构的岗位任务和要求

部门	岗位名称	岗位任务和要求
财务部	财务部经理	对整个公司运行资本进行核算、监督、落实；督导本部门财务工作的实施；及时了解公司财务执行中出现问题并及时解决方案；建立健全财务管理体系，协助完成公司目标
	成本会计主管	按时完成公司账务及税务申报工作；及时编辑会计报表；监督成本核算及结账工作，组织和协调日常会计核算和管理，协助财务经理搭建梯队建设
	核算会计主管	监督指导核算会计和税务会计分类记账，确保各类凭证真实、完整，帐实相符
	业务财务主管	负责财务合并报表及各项管理报表编制工作，提供管理层使用，建立预算体系及相关制度，组织实施公司年度预、决算工作
统计部	统计部经理	审核全国销售账目以及库存相关数据分析
	统计组长	账目核对和店铺的库存审核，店铺抽样盘点工作
人力资源部	人事部经理	制定、组织实施公司人力资源发展战略，建立和规范公司人力资源管理体系
	行政主管	负责协助起草公司各类规章制度，行政事务的管理
	薪资主管	负责公司及店铺员工薪资的制作
	招聘培训主管	公司员工招聘培训等相关人事工作
资讯部	资讯部经理	带领资讯部门不断提升公司的信息化发展进程，在现有基础上提出各项合理化信息发展建议，保障公司信息安全
	应用开发主管	主导程序开发工作，软件项目实施工作
	IT 主管	掌握公司局域网的日常管理技能、掌握各项电脑硬件的安装和维护
	维护主管	负责全国店铺进行 ERP、POS、OA、邮件、RTX 等应用系统培训，远程故障排除
	项目主管	产品调研与需求分析，软件系统及各功能模块的架构、开发、测试和维护，参与软件系统的开发、测试及维护

部门	岗位名称	岗位任务和要求
空间设计部	空间设计部经理	店铺相关设计及店铺施工等相关事宜
	空间主管	公司店铺及相关三维方面设计处理
	工程主管	跟进店铺装修进度、工期，装修验收
市场部	市场部经理	了解市场下一季度、年度市场流行趋势及销售情况资料收集，组织公司大小活动
	公关活动主管	策划公司产品包装符合消费市场风向
	平面设计主管	设计平面、POP 等制作
营运中心	业务经理	管理店铺所有日常事务，配合相关部门完成管理工作
	商控经理	负责货品的分发、管理、统筹及加单。合理分配货品，根据市场反馈及时做出加单计划，在保证业绩上升的同时合理控制库存
	培训经理	管理培训团队，建立培训体系，开发课程及授课
商品企划部	商品企划部经理	综合分析国内外市场潮流趋势，本品牌产品销售情况，规划品牌每季的产品概念、季节主题、色彩、材质、款式风格开发设计方向
设计开发部	设计开发部经理	根据市场部相关信息定位相应的产品大类定位，管理设计开发部日常工作
	大类设计主管	负责某个系列或者某个大类的产品开发工作，并辅助设计经理制定新一季产品开发的策划方案
	设计助理	协助进行每年度公司每季度服装设计
技术部	技术部经理	全面负责技术部的作业计划、日常工作管理任务，研发新母板并建立各品类板型、规格数据
	打板师	根据每季产品设计开发方案依据国家标准制作母板，协助设计师、工艺师解决出现的问题
	样衣师	完成样衣主管分配的工作，与板师、工艺师沟通按要求及时完成样衣
	工艺师	根据提供的开发样板结合产品设计方案，制作工艺文件，指导样衣师按照要求完成样衣，对产前样工艺文件进行制作、确认及存档
生产部	生产部经理	策划工厂生产能定时定量完成，同时保证相应的质量
	成衣主管	大货的资料登记汇总
	面辅料主管	面辅料统计采购
	质检跟单主管	自接到订单通知起直至合格成品入库止，其间所有流程工作应依据生产计划和要求全程跟踪，及时处理和生产厂商的衔接的协调
物流部	物流部经理	负责物流部整体运作和日常管理工作，与公司其他部门的工作联系和沟通
	品检部经理	通过对到库的产品进行入库前检验，严把生产过程中的"质量关"，提高产品的质量水平，通过货品上架前的质量管理与控制，确保在库产品质量的稳定与提升，避免公司财产受到不必要的损失

7.6 人力资源管理

7.6.1 人员招聘

1）招聘原则

招聘过程主要分为两个部分：首先人力资源部进行综合水平考核并进行筛选，然后岗位部门人员进行专业筛选。整个招聘过程中贯穿如下原则。

价值观念和品牌理念：根据公司价值观念和品牌理念评估应聘人员。对于设计师的招聘，企业尤其注重其个人理念是否与品牌理念相符。

知识水平和培养潜力：根据岗位需求对所招聘人员进行知识水平和培养潜力的考评，对于应届毕业生，公司更侧重于人员潜力的考评。

其他：视个别岗位而定，如终端销售人员对外貌形象、沟通能力有一定要求。

2）招聘途径

社会招聘是服装公司进行人员招聘的重要形式。部门岗位人员向公司HR（人力资源）传达所需招聘人员的人数和要求，HR通过招聘网址发放招聘信息，常用的大型招聘网站见表7-11。

表7-11　常用大型招聘网站

网站名称（中文）	网站名称（英文）	网址
前程无忧	51job.com	http://www.51job.com/
智联招聘	Zhaopin.com	http://www.zhaopin.com/
大街网	Dajie.com	http://www.dajie.com/
应届生求职网	YingJieSheng.com	http://www.yingjiesheng.com/
中华英才网	ChinaHR.com	http://www.chinahr.com/
领英	linkedin.com	https://www.linkedin.com/

校园招聘也是服装品牌企业招聘人员的主要方式。近几年，服装公司通过校园招聘来寻找品牌所需的管理培训生（Management Trainee），简称管培生，这是大型服装企业自主培养中高层管理人员的人才储备计划。管培生通常在公司各个部门实习并了解整个品牌业务流程后，再根据其个人专长进行工作岗位的安排，其最终的定位为部门或分公司的负责人（图7-3）。

图 7-3 招聘场景

案例 7-3：M 品牌的管理培训生计划

国际潮流品牌 M 品牌以其复古、革新的都市化的风格，左右了街头巷尾的潮流趋势，其品牌风靡世界各地及各大时尚百货。2010 年 11 月，M 品牌在上海率先开设中国首家专营店，自此开启了中国市场的营销。2015 年是 M 品牌迅速拓展和抢占市场份额的一年，计划在全国新增开店 80 家。面对大规模的业务拓展，此品牌计划通过校园招聘管理培训生，培养校园应届生成为公司日后的品牌管理层人员。

此管理培训计划历时九个月（培训计划见表 7-12）。其中，第 1 至第 6 个月为终端店铺实习，使管理培训生迅速了解品牌产品、客户群与终端运营模式；第 7 至第 9 个月为公司轮岗实习，了解公司的组织架构和各个部门的工作内容；9 个月的管培计划结束后，公司会根据管培生表现进行考核评估，考核成绩合格者则通过，考核成绩不合格者将被淘汰。公司根据个人意愿、负责人意见和职位空缺情况，为考核通过的管理培训生确定具体的岗位和工作内容。

表 7-12　M 品牌管理培训计划表

	第一阶段 M1（3 天）	第二阶段 M2（第 1~6 个月）	第三阶段 M3（第 7~9 个月）
阶段名称	入职培训	店铺轮岗	公司内部轮岗
具体内容	企业文化、行业状态、职业素养、公司制度等	熟悉店铺环境、熟悉店铺日常运营、掌握服务礼仪、熟悉货品知识、熟悉基本操作	进行商品部、市场部、生产企划部和设计工程部的轮岗工作
阶段目的	了解公司状况	熟悉品牌终端和产品	了解各部门，以方便定岗
阶段考核	综合表现 + 课程学习效果 + 发展潜质	工作态度 + 工作能力 + 发展潜质	工作态度 + 工作能力 + 发展潜质
计算公式	评估总成绩 =M1×15%+M2×40%+M3×45%（满分 100 分）		
考核结果	A 类学员：85 分及以上（通过 + 确定岗位）	B 类学员：60~85 分（通过 + 确定岗位）	C 类学员：60 分以下（淘汰）

7.6.2 人员培训

1）企业文化培训

企业文化本身包括了理念文化、制度文化、行为文化和物质文化等四个方面的内容。企业文化培训可以使新进员工对公司与品牌的各个方面都有一个比较全面的了解。另外，企业文化是公司员工长期积累并得到公司认可的价值观和行为体系，将公司的文化传授给新进入者，可以使他们快速融入公司。

2）岗位培训

岗位培训就是根据岗位要求所应具备的知识、技能而为在岗员工安排的培训活动。其目的是提高在岗员工的业务知识、服务态度和专业技能。以服装终端店员为例，其岗位培训可参考表7-13。

表7-13　终端销售人员岗位培训建议表

培训项目	入职培训	定期培训	不定期培训	
			产品知识	销售技巧
培训时间	新员工入职	订货会之后 2~4次/年	新品入店 1~2次/季度	销售策略、理念、方法，频率视情况而定

3）特殊培训

特殊培训多出现在服装企业销售人员的培训中，某些服装公司会聘请业界高级培训人员开展大型培训。

案例7-4：S品牌大型终端培训课程

2013年11月27日~12月2日，S品牌终端销售人员参加了特殊培训课程"业绩倍增模式"。此大型培训的目的是让终端销售人员学习到行业最新的终端管理方法和销售技巧，培训主要从7个模块展开（表7-14、图7-4）。

图7-4　"业绩倍增模式"大型终端培训

表 7-14 "业绩倍增模式" 7 大模块

序号	培训模块	具体内容
1	标准服务流程	1. 激情迎宾；2. 赞美顾客；3. 自我介绍；4. 活衣架；5. 推荐试穿；6. 大胆推荐；7. 大胆成交；8. 送顾客加一句祝福句
2	产品描述维度	1. 颜色；2. 面料；3. 风格；4. 款式细节；5. 上身效果；6. 穿着场合
3	连带销售思维	1. 培养员工连带销售意识；2. 提升员工服装搭配能力；3. 鼓励员工与顾客交流，了解销售者喜好；4. 提倡员工团队合作共同完成大单
4	主推款销售思维	1. 每天晨会中确定一款主推款；2. 主推款可以为品牌畅/滞销款、店铺畅/滞销款；3. 员工领取当日主推款销售指标
5	品牌 VIP 管理	1.VIP 建立；2.VIP 信息整理；3.VIP 维护；4. 主动邀约 VIP
6	店铺货品策略	1. 品牌 TOP20、店铺 TOP20、库存 TOP20 分析；2. 制作货品销售周报、月报；3. 货品备足
7	店铺能量管理	1. 店长利用晨会激起员工的销售热情，传播正能量；2. 店长积极迎宾并协助员工开单，建立积极销售的氛围；3. 店长利用周会总结店铺情况，告知下一步工作重点

7.6.3 绩效考核

1）绩效指标

人力资源管理过程中，绩效指标的建立是非常重要的一个环节。绩效指标体系力求做到全面完整，既可用于晋升考核，也可用于奖金发放的考评等。

以服装终端店员的绩效考核体系为例（表 7-15），整个考核体系可作为晋升考核，其中业绩结果的考核指标可以作为业绩提成发放的依据。

表 7-15 终端店员绩效考核指标体系

考核指标	考核尺度	评分和评语
工作状态 （总分 4 分）	1. 工作热情饱满，能够营造出店铺的销售氛围； 2. 服装整洁、穿戴符合规范、文明礼貌。 每项满 2 分	
货品知识 （总分 12 分）	1. 了解 TOP 款面料、工艺、设计知识； 2. 了解 TOP 款的销售情况和库存情况； 3. 熟悉产品流行资讯； 4. TOP 款的搭配知识。 第一项和第二项每项满 2 分，第三项满 3 分，第四项满 5 分，若不了解 TOP 款，前 3 项不得分	
销售技巧 （总分 6 分）	1. 熟练应用 FAB 销售话语； 2. 了解消费者心理并为其推荐合适产品。 第一项满 3 分，熟练程度达到平均水平即可到 2 分，第二项满 3 分	

考核指标	考核尺度	评分和评语
店内盘点与陈列 （总分6分）	1. 交接班货品盘点； 2. 货品陈列符合规范。 第一项2分，盘点熟练不出错可得满分，第二项4分，陈列符合规范得3分，在此基础上有一定创意的，得4分	
服务流程 （总分11分）	1. 服务态度亲切，积极拿衣并推荐试穿； 2. 多款介绍、一款百搭，注重连带销售； 3. 温暖送客。 第一项3分，能够保持较高的试穿率，得3分；第二项6分，连单率到达当月平均水平可得4分，高出平均水平10%得5分，高出部分超过10%的6分；第三项2分，无论顾客是否消费都微笑送客，并欢迎下次继续光顾得2分	
团队协作 （总分7分）	1. 团队内成员关系融洽； 2. 组合销售。 第一项满2分，成员相处融洽得2分，关系紧张得0分；第二项满5分，组合销售，表现良好得5分，没有组合销售单得0分	
信息收集 （总分3分）	1. 消费者的反馈意见。 满3分。能够积极留意顾客反馈信息，并记录汇报，得3分	
售后服务 （总分6分）	1. 退换货处理； 2. 投诉处理。 每项满3分，能够态度良好，积极妥善处理售后服务，得3分	
VIP维护 （总分5分）	1. VIP维护手册； 2. VIP活动邀约。 第一项满2分，第二项满3分	
销售业绩 （总分30分）	1. 业绩达成率：60% < / 得13分；60% ≤且< 70%/得15分；70% ≤且< 80%/得17分；80% ≤且< 90%/得20分；90% ≤且< 100%/得25分；≥100%/得30分	
特殊业绩 （总分5分）	活动促销、滞销品、主推款的销售情况。根据当月情况给分	
连单率 （总分5分）	连单率：1.6 < / 得0分；1.6 ≤且< 1.75得2分；1.75 ≤且< 1.85/ 得3分；1.85 ≤且< 2.0/得4分；≥ 2.0/得5分 （若考核期有一笔大单，则此项考评满分）	

2）考核流程

绩效考核的操作流程主要包括四个步骤：绩效指标修正、绩效辅导、绩效考核和绩效沟通（图7-5）。

（1）绩效指标修正：根据考核时的品牌战略目标定位，由公司决策层对绩效指标进行适当的修正。

（2）绩效辅导：在绩效考核前，需要对考核人员就考核内容进行绩效辅导，保证绩效考核人对考核表格和考核流程熟悉和理解。

（3）绩效考核：根据确定的绩效指标对考核对象进行考核打分，得到

图 7-5　绩效考核场景

不同员工相应的考核分数，以此作为物质奖励、晋升等的参考依据。

（4）绩效沟通：根据考核情况评估员工表现，对每个员工都应该有绩效沟通环节。表现好的员工给予赞扬与鼓励，对表现不好的员工提出改善建议或者开展相关培训。

7.6.4 激励策略

服装企业常用的激励策略包括薪酬激励、晋升激励和精神激励三种方式。薪酬激励包括业绩提成和绩效奖金等；晋升激励是指将表现优异的员工进行职位上的提升或享受更多的权利；精神激励为企业内部的学习与交流，将员工、团队与企业紧密联系在一起，提高员工对企业的归属感和团队的协作性。三种激励方式相辅相成并互相影响，最为科学的激励方式是将三者有机地结合在一起，从而扬长避短发挥综合的优势。

服装品牌公司激励效果的实现最好基于这样的框架之下：在总的奖励金额一定的前提下，通过分级管理、层层递进的激励手段，分步引导和强化员工的综合业务能力。

以品牌终端销售人员的激励措施为例,激励措施的优化可从店铺细化、员工细化和业绩达成率细化三个方面展开。

1）店铺细化

将品牌店铺分为 A 类、B 类、C 类店铺,根据店铺类型进行薪资的计算。A 店是重要店铺（KEY STORE），它们具有货品品类齐全,同等条件下比其他店铺得到优先货品供给,其他店铺调货时的最后选择,品牌宣传活动的首选,商圈好,商场佳,主要创造业绩的店铺。B 类、C 类店铺则次于 A 类店铺。

为达到全面更优的绩效激励管理,可设置 A 类店铺其底薪较低,但是奖金提成最高,但在 C 类店铺,为保障员工的收入,就采取高底薪较高,奖金较低的方式。那么最终结果要保障各类店铺的员工在努力工作的前提下所拿到的都是在正常范围内的收入。

需要注意的是店铺分类的细化程度需要依据品牌自身的店铺数量和企业规模,随着店铺数量增多或企业规模增大,店铺分类的细化程度需增高。

2）员工细化

设立店员、中级店员、高级店员、店长助理、店长、资深店长的等级划分; 建立简单的终端人员架构,建立的原因是用职位晋升的方式激励员工。这些层级员工只在职位津贴上有所差别,在业绩提成系数方面保持一致。公司只需把原来的职位津贴分为六档即可。

如果品牌处于初创阶段,或店铺数量较少,终端销售人员数量较少,员工结构细化程度可降低,如只分为店员、高级店员、店长、资深店长四档即可。

3）业绩达成率细化

将业绩达成率划分细化,即将达成率细化设置为:达成率＜80%,80%≤达成率＜90%,90%≤达成率＜100%,达成率≥100%,业绩达成率的细化让员工奖励达到逐级提升的效果。

注释：

[55] 巴里·伯曼，乔尔·R·埃文斯 . 零售管理（第九版）[M]. 北京：中国人民大学
出版社 ,2007.

[56] 付亚和,许玉林 .绩效考核与绩效管理(第二版)[M].北京: 电子工业出版社 ,2009.

[57] 俞文钊 . 人员的招聘、考核、培训 [M]. 北京：人民教育出版社 ,1996.

[58] 杨以雄，富泽修身 .21 世纪的服装产业 [M]. 上海：东华大学出版社 ,2006.

[59] 王萍，张丽琍 .李培祥 .考核与绩效管理 [M]. 长沙：湖南师范大学出版社 ,
2007.

[60] 弗雷德里克·赫茨伯格 . 工作的激励因素 [M]. 世界出版社 ,1959.

附录

附录1 国内部分重点商场、购物中心分布表

序号	省份	城市	商场名称
1	北京	北京	新光天地
2			燕莎友谊商厦
3			燕莎金源购物中心
4			赛特购物中心
5			百盛购物中心复兴门店
6			翠微大厦
7			王府井百货大楼
8			庄胜崇光百货
9			中友百货
10			君太百货
11			新世界百货
12			双安商场
13			当代商场
14			东方广场
15			西单大悦城
16			朝阳大悦城
17			金融街购物中心
18	天津	天津	天津友谊
19			海信
20			伊势丹百货
21			佛罗伦萨小镇
22	河北	石家庄	北国商贸
23			先天下购物中心
24			新百商场
25		唐山	百货大楼
26		邯郸	新世纪百货
27	黑龙江	哈尔滨	远大购物中心
28			红博会展广场
29			松雷购物广场
30			卓展购物中心

序号	省份	城市	商场名称
31	吉林	长春	卓展购物中心
32			长春欧亚
33		吉林	吉林国贸
34		延吉	百货大楼
35	辽宁	沈阳	卓展购物中心
36			沈阳中兴
37			沈阳万象城
38		鞍山	鞍山百盛
39		大连	大连友谊
40			麦凯乐
41	河南	郑州	丹尼斯（花园店）
42			丹尼斯（人民路店）
43			金博大购物中心
44		洛阳	王府井百货
45	山东	济南	银座购物中心
46			贵和购物中心
47		青岛	青岛海信
48		烟台	烟台振华
49		威海	威海振华
50	山西	太原	王府井百货
51			华宇购物中心
52	陕西	西安	世纪金花（钟楼店）
53			世纪金花（高新店）
54			开元购物中心
55			金鹰（高新店）
56			中大国际
57	内蒙古	呼和浩特	维多利商厦
58			维多利购物中心
59			维多利国际广场
60		包头	王府井百货
61			百货大楼
62	甘肃	兰州	国芳百货
63			亚欧商厦
64	青海	西宁	王府井百货
65	宁夏	银川	新华百货

（续表）

序号	省份	城市	商场名称
66	新疆	乌鲁木齐	天山百货大楼
67			友好百货
68			美美百货
69			百盛
70	上海	上海	久光百货
71			八佰伴
72			东方商厦
73			南京路新世界百货
74			恒隆广场
75			国际金融中心
76			港汇广场
77			来富士广场
78	浙江	杭州	杭州大厦
79			银泰百货
80			万象城
81			杭州解百
82		温州	时代百货
83			银泰百货
84		宁波	银泰百货
85		金华	金华一百
86		湖州	浙北商厦
87	江苏	南京	金鹰购物中心
88			德基
89			中央百货
90			大洋百货
91			新街口百货
92		无锡	无锡商业大厦
93			八佰伴
94		苏州	美罗
95			泰华
96		南通	文峰
97		昆山	百货大楼
98		徐州	金鹰购物中心
99		扬州	金鹰购物中心
100		常州	常州购物中心
101			泰富

序号	省份	城市	商场名称
102	安徽	合肥	商之都
103			百货大楼
104			合肥银泰
105			百盛
106	四川	成都	王府井百货
107			王府井百货（二店）
108			仁和春天（人东）
109			仁和春天（光华）
110	重庆	重庆	江北世纪新都
111			大都会太平洋
112			远东百货
113			重庆天街
114			星光68
115	湖北	武汉	武汉广场
116			武汉国际广场
117			群光百货
118			武汉中商
119		宜昌	宜昌百货
120	湖南	长沙	友谊商店
121			王府井百货
122			平和堂百货
123	云南	昆明	金龙汇都
124			百盛购物中心
125	贵阳	贵州	星力瑞金
126			星力购物广场
127			国贸
128	广西	南宁	梦之岛民族店

（续表）

序号	省份	城市	商场名称
129	广东	广州	友谊环市店
130			百货大楼（北京路店）
131			正佳广场
132			天河城
133			太古汇
134		深圳	万象城
135			海岸城
136			君尚百货
137			华强北茂业
138	福建	福州	东百
139			大洋百货

附录 2　国内奥特莱斯（OUTLETS）分布明细表

地点	数量	名　称
北京	4	燕莎奥特莱斯、赛特奥特莱斯、活力东方奥特莱斯、爱家奥特莱斯
上海	5	青浦奥特莱斯、东方狐狸城奥特莱斯、上海服装城奥特莱斯、美兰湖奥特莱斯
天津	1	美美精品奥特莱斯
重庆	2	温莎奥特莱斯、重庆西部奥特莱斯购物广场
江苏	8	南京先锋奥特莱斯商城、常州万和奥特莱斯购物公园、江阴奥特莱斯品牌直营广场（无锡）、常熟奥特莱斯、苏州唯亭奥特莱斯购物广场、苏州奥特莱斯购物广场、张家港香港奥特莱斯购物中心、南通奥特莱斯购物广场
浙江	4	杭州 EX 奥特莱斯、桐乡香港奥特莱斯品牌直销广场（嘉兴）、宁波奥特莱斯购物广场、宁波奥特莱斯商业广场
安徽	1	合肥名门奥特莱斯广场
福建	1	福州奥特莱斯世界名牌折扣店
广东	2	广州天河城奥特莱斯、广东奥特莱斯世界名品折扣店（佛山）
吉林	1	长春好利成奥特莱斯
黑龙江	1	哈尔滨燕莎奥特莱斯购物中心
湖北	1	武汉奥特莱斯
湖南	3	长沙奥特莱斯世界名品折扣店、长沙市通程奥特莱斯直销广场、长沙家润多奥特莱斯购物公园
四川	2	成都美嘉森奥特莱斯、成都奥特莱斯购物中心
河南	3	郑州亚星奥特莱斯购物广场、开封市名牌商品折扣购物中心、郑州康城奥特莱斯

附录 3 中外部分节假日明细表

公历节假日

月份	日期	节日
1 月	1 月 1 日	元旦
2 月	2 月 14 日	情人节
3 月	3 月 8 日	国际妇女节
	3 月 12 日	植树节
	3 月 15 日	国际消费者权益日
4 月	4 月 1 日	国际愚人节
	4 月 5 日	清明节
	4 月 22 日	世界地球日
5 月	5 月 1 日	国际劳动节
	5 月 4 日	青年节
	5 月 8 日	世界红十字日
	5 月 31 日	世界无烟日
	5 月第二个星期日	母亲节
6 月	6 月 1 日	国际儿童节
	6 月第三个星期日	父亲节
7 月	7 月 1 日	建党日
8 月	8 月 1 日	中国人民解放军建军节
	8 月 6 日	国际电影节
9 月	9 月 10 日	教师节
	9 月 21 日	国际和平日
10 月	10 月 1 日	国庆节
	10 月 4 日	世界动物日
11 月	11 月第四个星期日	感恩节
12 月	12 月 24 日	平安夜
	12 月 25 日	圣诞节

农历节假日

月份	日期	节日
1 月	正月初一	春节
	正月十五	元宵节
2 月	二月初二	龙抬头节
5 月	五月初五	端午节
7 月	七月初七	七夕情人节
	七月十五	中元节
8 月	八月十五	中秋节
9 月	九月初九	重阳节
12 月	十二月初八	腊八节
	十二月二十三	小年
	十二月三十	除夕

附录 4 常用表格

附录 4.1 陈列部橱窗时间倒退表

_____年_____季新品橱窗时间表

_____年_____月

月份	负责人	事项	1	2	3	4	5	6	7	8	9	10	11	12	13	14	15	16	17	…	31
		橱窗初步方案																			
		橱窗方案二次确认																			
		橱窗最终确认																			
		橱窗报价工作（采购部）																			
		采购部报价最终确认时间																			
		第一次橱窗道具打样时间																			
		橱窗打样效果最终确认时间																			

附录 4.2 培训部电话抽考评分标准

电话抽考评分标准

差0分、较差3分、一般5分、良好8分、优秀10分		姓名： 入职时间：	姓名： 入职时间：	姓名： 入职时间：	姓名： 入职时间：	姓名： 入职时间：	平均分
项目	明细						
顾客服务 （20）	1. 服务礼仪是否符合"笑、慢、柔" 2. 电话礼仪符合公司规范，准确无误						
应对态度 （30）	1. 应对态度诚恳、谦逊、有礼貌 2. 应对问题立即回答，反应敏捷，充分体现专业性 3. 回答自然生动，非死记硬背或需要提示						
提问应对 （50）	1. 对于天丝混纺面料衣物的销售建议是 2. 怎样才能保持白色衬衫、T恤不发黄 3. 9143100006-042 的 FAB 4. 请谈一谈上海与北京连单案例给你的启发 5. 休闲短裤如何搭配（黄色、蓝色、绿色皆可）						
得分							

注意事项：1. 每通电话把握时间控制在5~10分钟，不可过短或太长。　2. 在评定给分时，所有的分值均只有0分、3分、5分、8分、10分五种。
3. 评分时，一律秉承"公平公正"的原则，杜绝添加感情分。　4. 抽考的模式以提问方式进行，不得擅自变动抽考模式。
5. 提问问题需在抽考前直接将题目做好打印出来，不得擅自变动题目。
6. 当店员提出与抽考无关，或者不能解答的问题时，不要立即给予答案，具体话术："您提出的问题很好，我想其他的同事一定也很想知道；我先记录下来，正确的回答，我们将统一一后，在每周五的RTX上公布，谢谢！"

附录 4.3 培训部区域考核成绩表

培训课程＿＿＿＿＿＿＿＿＿＿＿＿＿＿＿＿＿＿＿＿＿＿＿＿＿＿＿＿＿＿＿＿

培训时间＿＿＿＿＿＿＿＿＿＿＿＿＿＿＿＿＿＿＿＿＿＿＿＿＿＿＿＿＿＿＿＿

编号	姓名	所在店铺	职级	考核成绩

备注＿＿＿＿＿＿＿＿＿＿＿＿＿＿＿＿＿＿＿＿＿＿＿＿＿＿＿＿＿＿＿＿＿＿＿

附录 4.4 培训部店铺教育抽考总表

填表日期：　　　年　　　月　　　日

抽考时间			
抽考项目	□ ___年 ___月月刊考核　　□其他		
抽考对象	□销售主管　□区域主管　□上海地区店长　□全国店铺抽查　□固定追踪人员		
成绩概况	90–100 分		___人
	80–89 分		___人
	70–79 分		___人
	60–69 分		___人
	60 分以下		___人

成绩排名

序号	姓名	城市	部门 / 店铺名称	入职时间	总分	备注
结语						

※ 销售主管，无需统计职务。

抽考人	复查人	部门主管

附录 4.5 培训部区域课程评估总结表

培训课程_____

培训时间_____

培训人数			有效评估表	

课程				
满意度	满意度100%	满意度85%	满意度75%	满意度60%
占比				

课程				
满意度	满意度100%	满意度85%	满意度75%	满意度60%
占比				

课程				
满意度	满意度100%	满意度85%	满意度75%	满意度60%
占比				

课程				
满意度	满意度100%	满意度85%	满意度75%	满意度60%
占比				

希望参训课程

附录 4.6 商品部买货预算表——零售采购预算及折扣计划（大商品数据分析）

月份	零售目标价	促销折扣	百货商场VIP折损	VIP卡折损	合计折损	定价毛利	销售毛利	采购统一零售价	季节货品月份				旧货/特价货平均折扣率	去年秋冬货总金额	去年春夏货总金额	今年春货金额	今年夏货金额	今年秋货金额	金额冬货金额	月销售组合及折扣率说明
									春	夏	秋	冬								

附录 4.7 商品部订单月份金额及件数检查（大商品数据分析）

类别	___月				___月				数量汇总	金额汇总	数量占比	金额占比
	数量	金额	数量占比	金额占比	数量	金额	数量占比	金额占比				
上下身												

_____月

类别	浅色（基本色调）						深色（基本色调）						点缀色						款数汇总	数量汇总	数量占比汇总
	款数	白色	米色	卡其	小计	数量占比	款数	黑色	深色	黑灰	小计	数量占比	款数	酒红	湖蓝	深紫	小计	数量占比			
上身																					
下身																					

附录 4.9 商品部店铺陈列款数（大商品数据分析）

店铺描述	月业绩（万）	面积（平方）	最低陈列 SKU 数	合适陈列 SKU 数	最高陈列 SKU 数	特别说明
			-20%	SKU/ 方	20%	
主流业绩主流面积						常规陈列
主流业绩面积大						可重复陈列或款多量少
主流业绩面积小						需快速成交可款少量多

附录 4.10 商品部换算每系列挂货面积（大商品数据分析）

类别	款号颜色	黑		绿		紫		白	
		配货量	陈列量	配货量	陈列量	配货量	陈列量	配货量	陈列量
外套									

区域一					区域二					区域三					区域四				
商品名称	商品代码	颜色名称	数量	吊牌价	商品名称	商品代码	颜色名称	数量	吊牌价	商品名称	商品代码	颜色名称	数量	吊牌价	商品名称	商品代码	颜色名称	数量	吊牌价

附录 4.12 商品部货品入库、发货及销售综合分析表

统计日期：

大类	下单		入库		发货数	销售数	库存数	入库占下单		发货占比	销售占入库	库存占入库
	SKU	数量	SKU	数量				SKU占比	数量占比			
合计												

附录 4.13 商品部货品入库、销售占比同期分析表

大类名称	下单款		下单量			入库量			发货量			销售量			销售金额			数量占比		金额占比	
	—年—	—年	—年—	—年	提升比	—年—	—年	提升比	—年—	—年	提升比	—年—	—年	提升比	—年—	—年	提升比	—年—	—年	—年—	—年

附录 4.14 商品部全国销售对照表

区域	渠道	店铺名称	__ 至 __ 月指标	销售		同增长	完成率
				__ 年	__ 年		

日期：___ 年 __ 月 __ 日同期为 ___ 年 __ 月 __ 日

附录 4.15 营销部 VIP 顾客消费记录表

城市及店铺名称：

日期：

序号	日期	姓名	卡号	身份证或护照	发票编号	货号	件数	原价	现售价	累计金额	累计积分	备注

附录 4.16 营销部 VIP 顾客资料登记表

城市及店铺名称：

日期：

序号	姓名	证件号码	性别	生日	地址	电话	邮编	小票号	职业	消费金额	柜台领取/邮寄

附录 4.17 营销部促销活动申请表

填表人		填写日期		申请页数	
地区					
1. 活动时间:					
2. 活动目的:					
3. 活动内容:			同期活动: 同期未开业		回款:
4. 扣点情况:		原扣:	现扣:	活动费用承担比例:	
5. 商品折扣情况:					
6.VIP 使用情况:					
7. 费用情况:					
8. 需要特别支持:					
9. 产品:		活动前日均销量:		活动预估数量:	
		数量:	金额:	数量:	金额:
10. 备注:					
11. 审批抄送:					
主管业务			注明:		
自营区经理			注明:		
财务部			注明:		
总经理			注明:		

1. 必须以单店填写。

2. 必须明确注明活动起始日期、结束日期。

3. 必须明确注明新品、老品、特价商品及季节商品的开票情况。

4. 必须明确注明活动内容及所参加之商品是否恢复原价，特价商品除外。

5. 必须明确注明 VIP 的使用情况。

6. 必须明确注明该商场的原扣点、现扣点、活动费用承担比例及商品折扣情况。

7.VIP 使用情况必须明确注明填表人、商场名称。

附录 4.18 营销部店铺员工岗位变动申请单

店铺：

员工姓名		入职日期		变动生效日期	
岗位变动原因： □内部调整　　□升职　　□降职　　□薪金调整　　□其他					
申请说明	一、现任职岗位的工作内容及业绩				
	二、现任职岗位期间的个人成长记录				
	三、在现岗位的工作期间的不足及改进措施				
	四、晋升后工作构想及实施要点				
变动情况（以下由公司填写）					
职位	原：		变动后：		
职等	原：		变动后：		
薪金情况	原：		变动后：		
是否月度考核：　□是　　　□否			考核方案：□有　　□无		
是否有试岗位：　□是　　　□否			试用岗位：　　　　月		
申请人签字：		店长签字同意：		督导审核：	
人力资源部审核：		营运经理批签：		员工签字确认：	

1月—6月/7月—12月业绩完成率情况（人力资源部填写）												
一月		二月		三月		四月		五月		六月		
七月		八月		九月		十月		十一月		十二月		
1月—6月/7月—12月出勤情况（人力资源部填写）												
一月		二月		三月		四月		五月		六月		
七月		八月		九月		十月		十一月		十二月		

综合情况（营销部填写）			
项目	内容	评分标准	一次评定	二次评定
---	---	---	---	---
评分标准：□很好5分 □较好3分 □一般1分 □差0分				
规章制度的遵守	①工作时间保持良好形象和饱满的精神状态，按公司要求着装	□很好 □较好 □一般 □差		
	②保持店铺的清洁整齐	□很好 □较好 □一般 □差		
	③按公司要求出勤，不迟到早退，遵守公司考勤制度	□很好 □较好 □一般 □差		
	④不在店铺接打私人电话	□很好 □较好 □一般 □差		
工作规范	①正确规范填写各类表单，按公司要求时间上传	□很好 □较好 □一般 □差		
	②每日晚十点前把当日销售及周边销售报给相关人员	□很好 □较好 □一般 □差		
	③熟练电脑操作做到数据及时准确上输，货品数据分析大类排行及收发电邮	□很好 □较好 □一般 □差		
	④不擅自给顾客退换货，折扣销售	□很好 □较好 □一般 □差		
	⑤随时了解掌握周边竞争品牌情况，并及时反馈	□很好 □较好 □一般 □差		
货品管理及店铺运作	①熟练货仓分布的详细情况	□很好 □较好 □一般 □差		
	②准备做好补货工作	□很好 □较好 □一般 □差		
	③认真协助公司调拨工作	□很好 □较好 □一般 □差		
	④保持卖场货品清洁整齐	□很好 □较好 □一般 □差		
	⑤仔细整理退仓货品确保其完好平整	□很好 □较好 □一般 □差		
销售技巧及顾客服务	①熟练掌握商品知识及表述能力	□很好 □较好 □一般 □差		
	②熟练的针对不同的顾客介绍适宜货品	□很好 □较好 □一般 □差		
	③附加销成交率高	□很好 □较好 □一般 □差		
	④接待顾客要微笑服务，态度亲切，有良好的沟通能力	□很好 □较好 □一般 □差		
	⑤试衣服务时要30秒内迅速找到顾客所需服装且尺寸准确，并能提供搭配建议	□很好 □较好 □一般 □差		

帐务工作	①做好每日库存账	□很好 □较好 □一般 □差			
	②上输日报做到准确无误，对退换货情况作认真记录	□很好 □较好 □一般 □差			
	③认真填写货品调拨单据	□很好 □较好 □一般 □差			
	④上述各项帐务工作差错率每月不得高于3次	□很好 □较好 □一般 □差			
其他	与商场人员及店铺同事保持良好沟通和睦相处	□很好 □较好 □一般 □差			

营运总监：　　　　　　区域业务签字：　　　　　　人力资源部签字：

日期：　　　　　　　　日期：　　　　　　　　　日期：

总经理批准　　　　　　　　　日期：

晋升标准：1. 每月个人实际销售额不得低于公司指标的 85%；
　　　　　2. 月失货率为 0%；
　　　　　3. 出勤率 80% 以上；
　　　　　4. 综合考评项不低于 80 分。

附录 4.20 营销部店铺月排名统计表

区域	序号	商场排名	商场品牌总数	第一	第二	第三	第四	第五	第六	第七	第八	第九	第十	备注
	1 月													
	2 月													
	3 月													
	4 月													
	5 月													
	6 月													
	7 月													
	8 月													
	9 月													
	10 月													
	11 月													
	12 月													

附录 4.21 营销部店铺招聘申请

申请店铺		申请岗位		需求人数	
目前在职人数		增后人数		本年度同岗位 离职人数	
本次增员是	□年度计划　　□新增计划		希望入职日期		
增员性质	□新增　　□替代离职员工		增员类别	□正式工　　□实习工	
增员理由					
岗位职责					
资历和能力要求	1.学历	□初中　　□中专　　□大专　　□其他			
	2.户籍	□初中　　□非本地　　□不限			
	3.计算机	□一般　　□良好　　□精通　　□不限			
	4.性别	□女　　□男　　□不限			
	5.工作经验	□同岗位　年或以上工作经验　□不限			
	6.其他要求				

店长申请签字:	督导审核签字:
人力资源部审核:	营运经理批签:

附录 4.22 营销部辅料盘点单（固定辅料）

店名：   月份：

物品	上月存	本月进	本月销	本月退（请在以下格内注明退货方向）							本月存	备注
夹克衣架												
西装衣架												
裤架												
挂烫												
模特												
模特鞋												
U盘												
便携充电器												
饮水机												
毛球修剪器												
皮带挂祥												
鞋拔												
略												

盘点人：

附录 4.23 营销部辅料盘点单（消耗辅料）

店名：

月份：

物品	上月存	本月进	本月销	本月退（请在以下格内注明退货方向）						本月存	备注
衬衫袋											
大购物袋											
小购物袋											
中购物袋											
雪梨纸											
VIP 申请表											
封箱带											
礼品缎带											
质量返修卡											
包装袋封口贴											
精品纸袋											
一次性纸杯											
略											

盘点人：

附录 4.24 营销部工服申请表

序号	申请日期	店铺性质	城市	店铺	工服类型 春夏/秋冬	工包 数量	工号牌 数量	男工服						女工服								到货日期	运输方式	备注
								针织衫		衬衫		裤子		外套		女内搭		裤子		鞋子				
								尺寸	数量	尺寸	数量	尺寸	数量	尺寸	数量	尺寸	数量	尺寸	数量	尺寸	数量			

盘点人： 　　　　　　　　　　　　　　　　　　审核人：

代理商：   日期：

	44	46	48	50	52	54	56
单西							
套西							
T恤							
毛衣							
皮衣							
大衣							
风衣							
夹克							
便装							
羽绒服							
棉服							

	37	38	39	40	41	42	43	44
衬衫								
皮鞋								

	围巾	领带	袜子	皮带	袖口	领夹	皮具	
均码								

	29	30	31	32	33	34	35	36	38	40	41
西裤											
休闲裤											

店员签名：   店长签名：

* 了解大类商品的明细尺码销售情况。

附录 4.26 营销部结构统计及上货建议表

店铺名：　　　　　　　　　　　　　　　　　　　　　日期：

品类	新货情况		旧品情况		合计		需退货情况		需上货要求		补充建议			
	款式数	库存数	款式数	库存数	款式数	库存数	款数	件数	款数	件数	颜色	价格	款式	备注
长袖衬衫														
短袖衬衫														
长袖T恤														
短袖T恤														
便装														
风衣														
夹克														
大衣														
单西														
套西														
毛衣														
棉衣														

附录 4.27 营销部礼品记录表

城市：_____

店铺名称：_____

序号	日期	客人姓名	VIP 卡号	联系地址	邮编	联系电话	消费金额	小票号	礼品内容	客人确认	店员签名

附录 4.28 营销部礼品盘点单

店名：　　　　　　　　　　　　　　　　　　　　　　月份：

品名	货号	上月存	本月进	本月退（请在以下格内注明退货方向）					本月存	备注

盘点人：　　　　　　　　　　　　　　　　　　　　　审核人：

附录 4.29 营销部每日营业记录

城市：＿＿＿＿＿＿＿＿＿ 气温：＿＿＿＿＿＿＿＿＿ 天气情况：＿＿＿＿＿＿＿＿＿

店铺：＿＿＿＿＿＿＿＿＿ 日期：＿＿＿＿＿＿＿＿＿ 商品编号：＿＿＿＿＿＿＿＿＿

序号	货号	尺码	单价	数量	金额	折扣	客人	VIP 卡号	付款方式	发票号

本月目标：	前日累计：	今日销售：	本月累计：	完成率：

昨日库存 ＿＿＿＿＿＿ + 今日库存 ＿＿＿＿＿＿ – 今日销售 ＿＿＿＿＿＿ – 今日返货 ＿＿＿＿＿＿ = 今日库存

品种数统计：

西装：	上衣：	西裤：	风衣：	大衣：	毛衣：
短衬：	长衬：	T 恤：	领带：	皮带：	袜子：

个人业绩：

1	2	3	4
业绩累计：	业绩累计：	业绩累计：	业绩累计：
个人目标：	个人目标：	个人目标：	个人目标：
完成率：	完成率：	完成率：	完成率：

注：如有折扣销售，必须写明折扣同意人。　　　　　　　制表人：

附录 4.30 营销部盘点报告

店铺名称：   盘点日期：

上月盘点结存结数：	
上月盘点结存金额：	
上月盘点截止日期：	

本月总进货数：	**本月进货额：**
本月总退仓：	**本月退货额：**
本月总销量：	**本月总销额：**

盘点结果：

账面数量：（ ）件	**账面金额：（ ）元**
实盘数量：（ ）件	**实盘金额：（ ）元**
数量差异：（ ）件	**金额差异：（ ）元**

盘点原因：

盘点过程中出现的问题：

备注：

以上内容确认后签字：

店铺店员签字：

附录 4.31 营销部人员变更表

地区：　　　　　　　　　　　　　　　　　　　　月份：

人员新增

姓名	到职日期	到职店铺	职务	出勤天数	备注

人员调动

姓名	调动日期	调出店铺	调入店铺	出勤天数	备注

职位变更

姓名	职位变更工资起算日	原职位	现职位	出勤天数	备注

人员离职

姓名	离职日期	是否试用期	出勤天数	离职原因	备注
				A 自然离职 B 辞退或开除	
				A 自然离职 B 辞退或开除	
				A 自然离职 B 辞退或开除	
				A 自然离职 B 辞退或开除	

＊ 如有上述情况发生，此表于月底连同考勤表及换班登记等一同交公司。

制表人：

（表一）

此表为新员工入职后的周期跟进表。新员工入职后，请店长及时安排一对一辅导人员，认真按照此表对新员工进行辅导，帮助更快融入工作环境，进入工作状态。此表评分亦作为新员工转正评效参考。辅导跟踪周期为二周，以下表格请认真填写，完成后传真至公司培训部，备案存档。

店铺 / 名称：_____　　　新同事：_____

辅导人员：_____　　　入职日期：_____

注：以下表格中的"辅导"和"实习"栏打"√"确认完成跟进事项；
　　"评核"一栏由辅导人员填写新员工的掌握度：1 很差；2 差；3 一般；4 好；5 很好

第一周跟进事项	日期（___月___日）			辅导员签署
	辅导员	实习生	评核	
新员工第一天上班，辅导员要：				
1　欢迎新员工加入，且员工之间互相介绍认识				
2　基本了解公司企业背景，品牌历史和故事，店铺营运情况，及日常工作，并告知公司及店铺规则与最近公司相关通知并签字确认				
3　介绍店铺环境分布，包括：洗手间、休息室、储物柜、货仓走火通道、商场规则、管辖楼管、食堂、上下班安全通道等				
4　安排第一天工作岗位，解释该岗位的有关工作程序				
5　了解一天上班的工作流程，如早晚该干什么				
6　仪表、制服标准及正确站位与迎宾术语				
7　服务礼仪，商品大类及商品货号认识				
8　各个货品种类的仓库摆放地方，叠装及包装的实际操作				
9　协助陈列熨烫及更换挂装、模特				
10　面对顾客微笑、保持目光接触，正确使用礼貌用语蹲姿、走姿正确；鞠躬服务礼仪、双手递送服务礼仪				
11　接电用语的规范，招呼客人的语气抑扬、热情				
12　能协助销售，介绍货品，并有连锁销售意识，为试衣的顾客准备可搭配货品，并熟知连锁推销货品的 FAB 及搭配风格				
13　一整天的卫生清洁工作是否执行到位				
14　能独立完成日常工作，如：早晚点数工作、叠装、包装货品等等				
15　学习使用 POS 收银，电脑基本操作，熟悉物料存放点及店内物品摆放位置等				

新同事总结：_____
_____

辅导员 / 店长总结：_____
_____

（表二）

此表为新员工入职后的周期跟进表。新员工入职后，请店长及时安排一对一辅导人员，认真按照此表对新员工进行辅导，帮助更快融入工作环境，进入工作状态。此表评分亦作为新员工转正评效参考。辅导跟踪周期为二周，以下表格请认真填写，完成后传真至公司培训部，备案存档。

店铺 / 名称：_____　　　　新同事：_____

辅导人员：_____　　　　入职日期：_____

第一周跟进事项	日期（___月___日）			辅导员签署
	辅导员	实习生	评核	
新员工第一天上班，辅导员要：				
1 商品大类的代码掌握情况				
2 10秒从仓库找出某款货品				
3 西服面料及衬衫面料标掌握				
4 熟悉产品手册、陈列手册、店册、画册				
5 熟悉卖场全部货品的三要素（货号、面料、价格）				
6 熟悉VIP办卡条件及会员礼遇，并积极让顾客填写VIP卡，且了解近3月VIP指标、销售指标以及完成情况				
7 开单规范准确掌握、发票开单规范准确掌握				
8 熟练调拨货品流程，正确填写快递单等				
9 熟练原残、次品操作流程，及来货流程，收货、检验、陈列、入账等操作流程				
10 能正确填写次品处理申请单、质量返修卡、退货单、调拨单				
11 了解品牌特色、品牌精髓、品牌内涵，企业文化、店铺分布等，熟悉每个大类的设计特色，并了解货品的特色工艺等				
12 能运用合理开场白了解顾客的需求，会真诚赞美顾客，对每个顾客都有赞美话语及专业术语，礼貌对待顾客，解疑耐心细致				
13 做到每一位顾客不论购物与否都表示感谢并邀请再次光临				
14 了解周边竞争品牌，商场排名				
15 抱有虚心接受与学习的态度，上班不迟到早退				

新同事总结：_____

_____

辅导员 / 店长总结：_____

_____

附录 4.33 营销部商品大类销售比例表

月份	项目	长袖衬衫	短袖衬衫	长袖T恤	短袖T恤	便装	风衣	夹克	大衣	单西	套西	毛衣	棉袄	皮衣	西裤	休闲裤	领带	皮带	皮鞋	围巾	袜子	大皮具	小皮具	羽绒服	合计
	销售量																								
	销售量比																								
	销售额																								
	销售额比																								
	销售量																								
	销售量比																								
	销售额																								
	销售额比																								

制表：

* 可很直观地了解到店铺每月销售中，各分类商品销售占总销售的比重。

店铺：

日期：

附录 4.34 营销部退货申请单（正品）

品名	货号		44 37 29	46 38 30	48 39 31	50 40 32	52 41 33	54 42 34	56 43 35	44 36 38	40	41	数量	零售价	到货日期	销售数量	同意与否（件数）
		申请数															
		实际数															
		申请数															
		实际数															
		申请数															
		实际数															
		申请数															
		实际数															
		申请数															
		实际数															
		申请数															
		实际数															

店长签名：

不同意退货原因：

盖章确认：

注：1. "实际数" "同意与否"及 "不同意退货原因" 栏目由公司填写，其余栏目由店铺自行填写。

2. "同意与否" 一栏中，"同意" 用 "√" 表示，"不同意" 用 "×" 表示。

附录 4.35 营销部无尺码商品专用盘点表

店名：　　　　　　　　　　品名：　　　　　　　　　　日期：

序号	货号	单价	上月结存	本月进存	本月退货	本月销售	本月结存	总数	备注

制表人：　　　　　　　　　　审核人：

＊新库存盘点表，与老盘点表相比，填写方便，随机性强。

附录 4.36 营销部员工资料

员工姓名	英文名	性别	入职日期	所在店铺	职位	联系电话	手机号码	出生日期	身份证号码	地址	邮编	离职日期

附录 4.37 营销部员购会顾客资料登记表

日期：

序号	姓名	性别	地址	电话	邮编	介绍人

附录 4.38 营销部月大类销售统计表

店铺：

类别	数量	金额	销售量占比	销售额占比	库存量	总库存占比	备注
长袖 T 恤							
短袖 T 恤							
便装							
长袖衬衫							
短袖衬衫							
单西							
套西							
风衣							
夹克							
毛衫							
棉衣							
西裤							
休闲装							
羽绒服							
总计							

制表人：

附录 4.39 营销部月商品调配汇总表

地区（店名）：_____ 月

日期	调货至	品名	货号	尺寸	数量	零售价	运费

填表人：   主管确认：

附录 4.40 营销部月销售明细表

店名：　　　　　　　　　　　　　　　　　　　　　　　　　　　　　年 　　　　　月

品种	上月存		本月进货		本月销售					本月退货		本月存		
	数量	金额	数量	金额	数量	销售金额	折扣金额	销售量占比	销售额占比	数量	金额	数量	金额	总库存占比
长袖衬衫														
短袖衬衫														
长袖T恤														
短袖T恤														
便装														
风衣														
夹克														
大衣														
单西														
套西														
合计														

制表人：

审核人：

* 了解店铺月大类商品进、销、存情况。